DEUS
E O MUNDO
QUE VIRÁ

PAPA FRANCISCO

DEUS E O MUNDO QUE VIRÁ

Uma conversa com
Domenico Agasso

Tradução
João Carlos Almeida
(Pe. Joãozinho, scj)

 Planeta

© Mondadori Libri S.p.A., Milano, 2021
© Libreria Editrice Vaticana, Città de Vaticano, 2021
Copyright © Editora Planeta do Brasil, 2021
Título original: *Dio e il mondo che verrà*
Todos os direitos reservados.

TRADUÇÃO, NOTAS E REVISÃO TÉCNICA:	Pe. João Carlos Almeida, scj
PREPARAÇÃO:	Karina Barbosa Santos
REVISÃO:	Nine Editorial e Carmen T. S. Costa
DIAGRAMAÇÃO:	Nine Editorial
CAPA:	Rafael Brum
IMAGEM DE CAPA:	mashuk / iStockphoto

DADOS INTERNACIONAIS DE CATALOGAÇÃO NA PUBLICAÇÃO (CIP)
ANGÉLICA ILACQUA CRB-8/7057

Francisco, Papa 1936-
  Deus e o mundo que virá: uma conversa com Domenico Agasso / Papa Francisco, Domenico Agasso; tradução de João Carlos Almeida (scj). – São Paulo: Planeta, 2021.
  144 p.

ISBN 978-65-5535-362-4
Título original: Dio e il mondo che verrà

1. Mensagem - Esperança 2. Igreja Católica - Mensagem 3. Pandemia - Mensagem 4. Solidariedade 5. Fraternidade I. Título II. Agasso, Domenico III. Almeida (scj), João Carlos

21-1191   CDD 248.4

Índices para catálogo sistemático:
1. Mensagens cristãs: Esperança

2021
Todos os direitos desta edição reservados à
EDITORA PLANETA DO BRASIL LTDA.
Rua Bela Cintra 986, 4º andar – Consolação
São Paulo – SP CEP 01415-002
www.planetadelivros.com.br
faleconosco@editoraplaneta.com.br

"QUANDO NOS SENTIMOS PERDIDOS E ATÉ UM POUCO DESANIMADOS, PORQUE NOS ENCONTRAMOS IMPOTENTES E PARECE QUE ESSA ESCURIDÃO NUNCA VAI ACABAR, TER E TRANSMITIR ESPERANÇA SIGNIFICA SER ANUNCIADORES DA VERDADEIRA ALEGRIA E DA CONFIANÇA NO MUNDO QUE VIRÁ: ESTAS SÃO EXATAMENTE AS NECESSIDADES VITAIS DA HUMANIDADE."

Franciscus

*Para Domenico Agasso Sr.,
que viajou com o Papa Paulo VI*

SUMÁRIO

INTRODUÇÃO..11

1 O PONTO CRUCIAL PARA A HUMANIDADE............19
2 A MÃO DO SENHOR SEMPRE NOS LEVANTA..........25
3 RENASCER UNIDOS.................................33
4 SEMEAR ESPERANÇA 43
5 A IGREJA HONESTA, UNIDA E MISSIONÁRIA..........49
6 NA CASA COMUM, COMO UMA SÓ FAMÍLIA 71
7 ECONOMIA E FINANÇAS ECOLÓGICAS 85
8 SEM FRATERNIDADE HUMANA NÃO HÁ FUTURO 91
9 NINGUÉM É ESTRANGEIRO 103
10 TRABALHO E REMUNERAÇÃO JUSTA PARA TODOS....113
11 A FAMÍLIA E AS MULHERES: PILARES DA SOCIEDADE...119
12 OS JOVENS E O SONHO EM NOME DE DEUS 131

EPÍLOGO..139
AGRADECIMENTOS 143

INTRODUÇÃO

A HUMANIDADE AGARRADA À VESTE BRANCA DE UM HOMEM SOLITÁRIO NA PRAÇA DE SÃO PEDRO

Os dias de março de 2020 foram sombrios e angustiantes. Semanas antes, explodiu uma pandemia. A Terra e os povos ficaram sem fôlego, com os pulmões atacados por um inimigo invisível e impiedoso.

O vírus da Covid-19 está levando centenas de milhares de pessoas, que morrem em uma solidão cruel e absurda. E o restante da humanidade está trancado em casa. Quem lhe faz companhia são os medos, os pesadelos e as incertezas.

Numa triste tarde de domingo, o mundo inteiro arregala os olhos vendo, nos noticiários e na internet, o papa caminhando no centro de Roma, completamente vazio por causa da quarentena. De surpresa. A pé. Na Via del Corso. Ele vai, em nome de todos, rezar na igreja de São Marcelo no Corso, em frente ao crucifixo "milagroso" que, em 1522, foi levado em procissão para invocar o fim da peste. O olhar incrédulo do ciclista que avista o papa reflete o espanto mundial. Uma imagem poderosa e dramática, que imediatamente entraria para a história.

Passam-se alguns dias, e eis outra cena nunca vista: o Sucessor de Pedro numa praça deserta, e num dia cinzento e chuvoso, pede a Deus que "não nos deixe à mercê da tempestade". Homens e mulheres de todas as partes do mundo, "assustados e perdidos", sintonizam-se com o "coração" do cristianismo via TV, tablet e computador, e se agarram à veste branca do Vigário de Cristo. "Acorda, Senhor! Salva-nos!", invoca Francisco, citando as palavras dos discípulos surpreendidos no mar por uma repentina e terrível tempestade, enquanto Jesus parece dormir tranquilamente. A oração termina com uma especial bênção *Urbi et Orbi*, típica do Natal e da Páscoa, mas dessa vez o povo não participa em torno de mesas regadas a taças de vinho festivo.

Em meio à epidemia de coronavírus, que deixou as nações de joelhos, Jorge Mario Bergoglio não para. Nem mesmo um dia. Nem mesmo para comemorar seus sete anos de pontificado. Rodeado por uma espécie de "cordão de segurança" anticontágio, continua a trabalhar. E, acima de tudo, continua perto das pessoas, principalmente das que mais sofrem. Continua com a recitação dominical do Ângelus e com a Audiência geral, todas as quartas-feiras, "enclausurado" na Biblioteca do Palácio Apostólico. Além disso, "garante" a transmissão ao vivo das Missas que celebra diariamente na capela da Casa Santa Marta. As homilias matinais do Papa Francisco são um símbolo do pontificado, determinantes para criar e alimentar empatia e sintonia com as pessoas. As palavras pronunciadas na capela da Casa Santa Marta tocam as cordas vibrantes da alma humana: sentimentos, emoções, desejos, fragilidades, nervos à flor da pele. Exortam, convidam, admoestam. Acima de tudo, encorajam. Acompanham o caminho da vida. E Francisco, nos meses de rotina interrompida, entre as aflições e apreensões que atingem a todos, quer se fazer ainda mais próximo, não só por meio da oração, mas também com a missa excepcionalmente transmitida ao vivo, dedicando a intenção da oração inicial às várias realidades de dor, às pessoas em agonia e a todos os encarregados de enfrentar a emergência sanitária e social. Coloca imediata e diretamente suas meditações à disposição de todos aqueles que todas as manhãs aguardam a síntese da homilia divulgada pelos meios de comunicação vaticanos, bem como todos os que nestes dias surreais precisam de conforto, apoio espiritual e de confiança na fé que o Sucessor de São Pedro cuida e promove. Os espectadores entram em "sintonia" com o Evangelho, por meio do calor humano e do afeto do papa, que prega com simplicidade, falando "de improviso", criando um vínculo direto entre o seu coração e o coração de quem o escuta. Milhões de pessoas, mesmo longe da Igreja, sentem-se consoladas e iluminadas no amanhecer de cada dia. E houve até testemunhos de fiéis que procuraram a Bíblia entre seus livros na prateleira, sopraram a poeira e a reabriram ou folhearam pela primeira vez.

A intensidade emocional é elevada e envolvente, em face do silêncio do Bispo de Roma nos minutos de adoração ao Santíssimo Sacramento (uma modalidade que teoricamente não seria "atraente" para os padrões da televisão), como evidenciam as milhares de mensagens de agradecimento enviadas ao Pontífice e à sua assessoria. Hoje, muitos sentem falta daquele encontro diário televisionado que foi interrompido em determinado momento. Era necessário, explicou o próprio Papa Francisco, para voltar à familiaridade e à intimidade do povo com Deus nos sacramentos, participando fisicamente da liturgia. Sem descuidar do outro grande e constante convite do Pontífice: "Dediquemos todos os dias um pouco de tempo para escutar a palavra de

Jesus; temos o Evangelho como alimento: é a refeição mais forte para a alma". O conselho do papa é levar sempre um pequeno livro do Evangelho no bolso ou na bolsa para ler um trecho, ou mesmo consultá-lo na internet: "Nessas páginas, Jesus está falando conosco. Pensem nisso, é fácil, nem é necessário que sejam os quatro Evangelhos, um é suficiente".

Nos meses de dor, multiplicam-se os testemunhos daqueles que redescobrem vislumbres de uma fé mais profunda, por meio de meditações íntimas sobre o mistério de Deus, sobre o sentido da existência e daquilo que se faz todos os dias, sobre a fragilidade humana, sobre o conceito de vida eterna, em que, asseguram os sacerdotes, será apenas mais felicidade compartilhada. Sentimentos amplificados pela solidão forçada em casa, durante o *lockdown* ou, pior, pelo isolamento no hospital.

Assim, a Igreja em tempos de coronavírus sai – concreta ou virtualmente – das sacristias e se oferece ao povo com os párocos que celebram, sozinhos, a missa ao vivo pela internet. Literalmente proclamam a Palavra de cima dos telhados. Muitas paróquias que estavam se esvaziando reúnem muito mais pessoas nas semanas da "penumbra que tomou conta de nossas praças, ruas e cidades", como diz o Papa Francisco. Em parte, pelo desespero, que as impele a confiar em Deus. Em parte, pelas intermináveis horas sempre iguais, marcadas pelo boletim do governo, que atualiza o assustador número de mortos, e pelas histórias daqueles que perderam entes queridos e não puderam apertar sua mão nos últimos momentos de suas vidas.

Os homens da Igreja hoje podem valorizar este impulso potencial – talvez forçado, muitas vezes inconsciente, mas tangível – de espiritualidade, de maior confiança com o mistério da vida.

O desafio da Igreja é ter uma presença mais constante e reconfortante no cotidiano das pessoas, marcado pela preocupação com as finanças e com o trabalho. As pessoas precisam de uma proximidade sincera. E de sinais fortes e concretos. Como a abertura das estruturas de muitas dioceses para abrigar famílias pobres durante a quarentena, com paróquias que assumem o pagamento de estadia para pacientes que recebem alta, de modo a liberar vagas nas enfermarias para os infectados pela Covid. "Percebemos que não podemos ir em frente cada um por conta própria", disse Jorge Mario Bergoglio no cemitério da Basílica do Vaticano, solitário na visão do mundo. Estabeleceu assim o divisor de águas sobre o qual seria possível lançar as bases para transformar a terrível provação em uma mudança para melhor. Todos devemos ser capazes de abandonar atitudes, escolhas e comportamentos viciados pelo individualismo, pelo egoísmo e pela busca de conveniência, é o grito do papa: agora é a hora de "reorientar o rumo da vida para com Deus e para com os outros". Reconstruir um novo sentido de comunidade fraterna, apoiando-o sobre uma viga mestra que pode sustentar e unir a todos, crentes e não crentes: "A esperança, que jamais decepciona. Vamos recomeçar a partir da esperança. Todos juntos".

D. A.

1

O PONTO CRUCIAL
PARA A HUMANIDADE

Santo Padre, como Vossa Santidade interpreta o "terremoto" que em 2020 atingiu o mundo sob a forma de coronavírus?

"Na vida existem momentos de escuridão. Muitas vezes pensamos que eles não vão acontecer conosco, mas apenas com os outros, em outro país, talvez em um continente distante. Em vez disso, estamos todos na mesma: no túnel da pandemia. Dores e sombras atingiram as portas de nossas casas, invadiram nossos pensamentos, atacaram nossos sonhos e planos. E, assim, hoje ninguém pode se dar ao luxo de se sentir confortável. O mundo nunca mais será o mesmo. Mas é exatamente dentro dessa calamidade que aparecem aqueles sinais que podem vir a ser os pontos-chave da reconstrução. Todas as medidas adotadas não são suficientes para resolver as emergências. A pandemia é um sinal de alarme sobre o qual a humanidade é forçada a refletir. Este tempo de prova pode, portanto, tornar-se um tempo de escolhas sábias e visionárias para o bem da humanidade. De toda a humanidade."

Quais são as suas sugestões para enfrentarmos o caminho dentro do túnel?

"Estamos cansados, decepcionados, desiludidos, tristes. Achamos que não vamos conseguir. Deus está nos interpelando, convidando-nos antes de tudo a abraçar a Sua cruz, o que significa encontrar a coragem para abraçar todas as adversidades do tempo presente. O Senhor nos exorta à resiliência e a não nos fecharmos dentro de nós mesmos, mas a revolucionar nossas prioridades, a repensar a hierarquia de nossos valores, a despertar e ativar a solidariedade e a esperança para dar solidez e estabilidade a esta época em que tudo parece entrar em colapso. Procurando viver este momento difícil com a força da fé e o fervor da caridade, treinamos nossos olhos para contemplar os outros com bondade, para encontrar os que sofrem, porque certamente há alguém próximo de nós, no nosso meio, que está 'mancando', ou teve de parar por estar exausto. Somos chamados, como seres humanos e como cristãos, a nos inclinarmos na direção desses nossos irmãos e irmãs e ajudá-los a se levantar para continuar o caminho rumo ao brilho daquela nova luz que iluminará a tudo e a todos. No entanto, será o mesmo que não ter chegado lá, se não apoiarmos os que não estão de pé, se não arrancarmos do esquecimento aqueles que estão sofrendo e são invisíveis aos olhos egoístas. Estamos em um ponto crucial para a humanidade, também ameaçada por outro vírus terrível, que pode ser mais letal do que o da Covid-19: o vírus do egoísmo, que se transmite pela crença de que 'a vida melhora se as coisas melhorarem para mim'; de que 'tudo ficará bem se eu estiver bem'. Partindo dessa crença, chegamos ao ponto de discriminar as pessoas, descartar os idosos, marginalizar os pobres e rejeitar os 'incômodos'. O resultado é a injustiça social, a desigualdade de oportunidades, a falta de proteção para os mais fracos. Porém, existe uma maneira de evitar essa contaminação."

Qual?
"Criar os anticorpos da solidariedade."
O que significa isso?

"Podemos partir da descoberta de nossa fragilidade comum, que a dureza da pandemia nos jogou na cara. Por causa da miséria e da exploração de seres humanos, em algumas áreas do planeta a precariedade da existência já era havia algum tempo o 'pão sujo' de cada dia.[1] Enquanto isso, em outras partes do mundo, a certeza de que os poderes humanos, técnicos e científicos eram infalíveis provou ser enganosa. Agora é ainda mais evidente que, tanto no bem quanto no mal, as consequências de nossas ações sempre recaem também sobre o próximo. Portanto, a solidariedade de fato entre nós se torna uma escolha comunitária e definitiva, é o caminho para a salvação, para superarmos esta época ameaçadora: a vida é estarmos sempre juntos, e a fraternidade é imprescindível, porque sozinhos, mais cedo ou mais tarde, entramos em colapso. Se cuidarmos uns dos outros, todos poderemos viver melhor."

---

1. "Pão sujo" é a tradução literal da expressão *pane sporco*, que o Papa Francisco ressignificou e popularizou para definir os bens que são fruto da corrupção, ou de qualquer tipo de exploração de pessoas. [N.T.]

2

A MÃO DO SENHOR SEMPRE NOS LEVANTA

Então, para nos reerguer, pode ser suficiente um ativismo prático e organizado em favor do bem comum?

"Não, do meu ponto de vista não basta. É preciso rezar. Rezar. Rezar. Penso que não podemos deixar de lado a oração."

Por quê?

"O mundo é marcado pela ganância, e a luz de Deus é ofuscada pelas preocupações do dia a dia. Alguns costumam dizer: 'Não tenho tempo para rezar, para atender os pedidos [de oração] dos outros'. Mas não devemos nos de esquecer que a oração é deixar que Deus nos contemple no íntimo, sem fantasias, sem desculpas, sem justificativas, e isso nos torna conscientes da nossa fragilidade. E dá sentido a ela. Vem na minha mente a imagem dos apóstolos na barca ameaçada pelo mar agitado. Apavorados, sacodem Jesus enquanto Ele dorme: 'Salva-nos, Senhor, estamos perdidos!' (Mt 8,25). Aquela invocação – 'Mestre, estamos nos afogando' – é o grito dos pobres, de quem está afundando, de quem se sente em perigo, abandonado. E, em uma situação difícil, desesperadora, é importante saber que temos o Senhor para nos levantar. Deus nos sustenta de muitas maneiras. Ele nos dá força e proximidade. Como quando, em outra circunstância, estende a mão a Pedro, que corre o risco de se afogar (Mt 14,22-36). Uma cena emblemática. Os discípulos veem Cristo caminhando sobre o mar, e Pedro lhe diz: 'Senhor, se és tu, manda-me ir sobre as águas em tua direção'. 'Vem!', responde o Filho de Deus. E Pedro começa a caminhar. Porém, deixa-se dominar pelo medo, pelas rajadas de vento cada vez mais fortes, e afunda na água. 'Senhor, salva-me!' Jesus o agarra. E lhe pergunta: 'Homem de pouca fé, por que duvidaste?'. Essa passagem é um convite a nos abandonarmos e confiarmos em Deus em todas as situações da vida, especialmente nas provações e dificuldades."

E, no entanto, existem momentos, períodos ou vidas inteiras em que parece que Deus se esqueceu de nós, que não se importa conosco, que nos deixa afundar em nossos dramas...

"É verdade, mas na realidade Deus está conosco, está perto de nós e, no momento oportuno, estenderá a mão para nos salvar. Ele sabe muito bem que nossa fé é pobre – todos somos pessoas de pouca fé, eu também sou – e que nosso caminho pode ser conturbado. Todos nascemos com uma semente de inquietude; a inquietude de encontrar a plenitude, que muitas vezes procuramos por caminhos errados. Mas, quando nossa inquietude encontra Jesus, começa a graça, porque Ele é o Ressuscitado! É o Senhor que atravessou a morte para nos manter a salvo. Antes mesmo de começarmos a procurá-lo, Ele está presente ao nosso lado. Às vezes, na escuridão, clamamos: 'Senhor! Senhor!', pensando que Ele está longe, que não nos ouve. E Ele, em vez disso, a certo ponto, responde: 'Estou aqui!'. Na vida, mesmo quando nos sentimos brilhantes e vencedores, na verdade caminhamos às apalpadelas. Cada um de nós é como uma criança que começa a caminhar, mas depois de alguns passos cai; outros passos e cai novamente; e a cada vez o pai a levanta. Isso mesmo. A mão que sempre nos levanta é a misericórdia de Deus. O Senhor quer que O vejamos assim: não como um patrão com quem devemos acertar contas e a quem apenas devemos obedecer, mas como nosso

Pai, que sempre nos levanta. Ele nos levará para um lugar seguro. Quando Jesus e Pedro voltam para a barca, o vento se acalma. Então, os que estão na barca O adoram, dizendo: 'Verdadeiramente, Tu és o Filho de Deus!'. Mais cedo ou mais tarde, cada um de nós experimentará essa descoberta."

Isso vale para quem tem fé. Mas onde os não crentes podem encontrar conforto e entusiasmo?

"Não quero de forma alguma e em nenhum contexto distinguir entre crentes e não crentes. Somos todos humanos; pertencemos a uma só família, sem fronteiras ou distinções e, como seres humanos, estamos todos no mesmo barco. E nenhuma realidade relacionada ao ser humano deve ser distante ou estranha para um cristão. Nenhuma. Neste momento, todos estamos sofrendo por um mal universal. Poucas vezes na história, humanidade e sofrimento foram tão planetários e transversais. E, de fato, a sinergia, a colaboração mútua, o senso de dever e responsabilidade e o espírito de sacrifício que surgiu e cresceu em tantos lugares, e em diversos âmbitos, estão nos ajudando e salvando. Nunca façamos diferença entre crentes e não crentes, devemos sempre ir à raiz: a humanidade. Diante de Deus, somos todos filhos e, portanto, somos todos irmãos."

3

RENASCER UNIDOS

Entre as tragédias da Covid-19 estão os casos de pessoas que morreram isoladas, sem o afeto dos familiares, que não puderam se aproximar para não serem contaminados. Cenas de partir o coração. Que pensamentos e reflexões lhe surgiram?

"Acompanhei histórias que me impressionaram e me entristeceram. As tribulações daqueles que partiram sem poder dar adeus a seus parentes se tornaram feridas no coração dos que ficaram. Idosos que perceberam que estavam à beira da morte e queriam se despedir de seus entes queridos: alguns só conseguiram graças a enfermeiras e médicos que pegaram seu celular e fizeram videochamadas para os familiares. Esses enfermos puderam ver o rosto de seus filhos, esposas, maridos, irmãos, irmãs e netos pela última vez. Eles partiram com esse precioso consolo. É a necessidade final de ter a mão de alguém segurando a sua mão. E, nos meses de emergência, tantas enfermeiras e tantos enfermeiros acompanharam de perto esse desejo vital e extremo, escutando a dor única da solidão, segurando-os pela mão. Agradeço a todos esses enfermeiros e enfermeiras, médicos e voluntários, que, apesar do extremo cansaço, arriscando a própria saúde, inclinaram-se com paciência e bondade no coração para compensar a ausência forçada dos familiares. São uma presença confiável, generosa e decisiva, um sólido ponto de referência. Na fronte mais arriscada da batalha contra o vírus que assola o mundo, eles conseguiram unir a competência profissional com esses gestos de atenção, esses detalhes humanos que se tornaram concretas e comoventes expressões de amor."

Como pode ser definido o testemunho deles?

"São 'anjos' para os pacientes, que se sentem apoiados na recuperação da saúde, ou consolados na viagem em direção às fronteiras do encontro definitivo com Deus Pai. Os profissionais de saúde, em sinergia com os capelães dos hospitais, dão testemunho da proximidade de Deus para com os que sofrem. Isso inclui a criatividade de usar as tecnologias para unir virtualmente, através de uma tela, famílias atordoadas pelo inimigo invisível. Eles desenvolveram uma cultura da proximidade e da ternura, da qual todos podemos tirar lições e ensinamentos. Apesar de exaustos, continuaram a trabalhar com profissionalismo e abnegação. Quantos deles – médicos, paramédicos, enfermeiros – deixavam de voltar para casa e dormiam de forma improvisada no hospital, porque não havia leitos! Esses heróis se tornaram vigas mestras de países inteiros. Temos o dever de jamais nos esquecer disso."

À singular dedicação destemida dos médicos, enfermeiros e trabalhadores da saúde foram acrescentados gestos de coragem de milhares de voluntários, que não se esqueceram dos últimos dos últimos: os sem-teto, os migrantes, os idosos solitários, os indigentes "de sempre" aos quais se juntaram "os novos pobres", aqueles que não possuem mais nada devido à crise econômica pós-pandêmica. Que papel essa rede de solidariedade pode desempenhar para o nosso futuro?

"Serve, de uma vez por todas, para lembrar as pessoas de que a humanidade é uma só comunidade, uma só família, e que a fraternidade universal é mais importante e decisiva do que nunca. Já não pode haver o 'outro', mas apenas um imenso 'nós', sem nenhum tipo de marginalização. O mundo está sendo chamado a dar sentido a estes tempos tão difíceis, redescobrindo novos espaços para a solidariedade. Devemos reagir à pandemia do coronavírus e da ganância com a universalidade da oração, do altruísmo, da compaixão, da ternura. Recomeçar e renascer unidos. E, então, permanecer em harmonia, porque somente juntos poderemos sair do confinamento e do distanciamento planetário. É chegado o momento de aplicar a oração de Jesus: 'Que todos sejam um' (Jo 17,21). Podemos redesenhar e recalibrar nosso futuro olhando para as raízes: os avós, os idosos. Eles nos ajudarão a finalmente construir uma verdadeira fraternidade entre nós. Fazendo memória desta difícil experiência que vivemos todos juntos, ajudemo-nos uns aos outros a seguir em frente com esperança, que nunca decepciona. As palavras para recomeçar são quatro: *raízes, memória, fraternidade* e *esperança*. É o momento de fazer frutificar a energia positiva que – muitas vezes gratuitamente e arriscando a vida – foi investida por pessoas que fazem sacrifícios pelo bem dos outros. Assim se honra também o sofrimento dos enfermos e de tantos mortos. Sobre essas bases podemos construir o amanhã. Para isso, são fundamentais o empenho, a força e a dedicação de todos, cada um no seu âmbito, no seu próprio cotidiano. A nossa existência é estruturada e sustentada por pessoas comuns – quase sempre deixadas na sombra, longe das manchetes e da TV – sem as quais não podemos viver. Penso nos médicos, enfermeiros, trabalhadores de supermercados, comerciantes, encarregados da limpeza, cuidadores, transportadores, policiais, voluntários, sacerdotes, religiosos e tantos outros. E também pais, mães, avós, professores que mostram com as palavras e com o exemplo de gestos cotidianos como contornar a crise, reajustando hábitos, olhando com confiança e tenacidade para o futuro, e estimulando a oração, oferecendo-a para o bem de todos. O grau de desenvolvimento e a capacidade de recuperação dos povos se medem nos momentos de sofrimento.

Se nós tornarmos ordinários os extraordinários testemunhos de amor generoso e gratuito que têm mantido sociedades inteiras de pé, não deixaremos que eles caiam no vazio e chegaremos todos a um tempo melhor."

Como podemos evitar que tantos testemunhos caiam no vazio?

"Encontrando um lugar inesquecível na consciência pessoal e coletiva para essas histórias de 'santidade ao pé da porta', e modelando a nossa vida pessoal e comunitária nos aproximando de quem cuida e de quem está em dificuldade, do espírito de serviço e de equipe, e de obras que alimentam uma convivência civil. Somos chamados a ser pessoas diferentes, prontas para abandonar as atitudes de pessoas individualistas, que olham apenas para os próprios interesses, para nos tornarmos artesãos de comunidades solidárias. Devemos nos libertar do anseio por uma suposta e ilusória onipotência e do desejo de posse, distinguindo o que importa daquilo que é descartável, o que é realmente necessário daquilo que julgávamos importante e que acabou se revelando supérfluo. É preciso encontrar a coragem de abrir espaços onde todos se sintam acolhidos e, assim, permitir novas formas de hospitalidade, de fraternidade e de solidariedade. E nós, cristãos, queremos ser os primeiros a semear a esperança. É imprescindível, a esperança."

4

SEMEAR ESPERANÇA

O que é a esperança?

"É aquele sorriso que não falta, apesar dos problemas. É aquela luz que precisamos sempre ver no fim do túnel, apesar de tudo. É aquela energia que não imaginávamos que tínhamos. Ela não nos poupa do mal, é verdade, mas nos dá a força para enfrentar com coragem as complicações e os obstáculos, por mais que pareçam intransponíveis. Ela nos protege das infiltrações sutis do mal, bem como do desânimo, da resignação, do desespero e do pessimismo. Ela vence a tentação de desistir. Ensina a sorrir mesmo em meio aos problemas. Quando nos sentimos perdidos e até um pouco desanimados pela sensação de impotência em meio a uma escuridão que parece sem fim, ter e transmitir esperança significa que somos anunciadores da verdadeira alegria e da confiança no mundo que virá: essas são exatamente as necessidades vitais da humanidade. A esperança é certamente diferente do otimismo."

E onde podemos encontrar a esperança?

"Na cruz de Jesus. O primeiro benefício da fé em Deus é receber Dele a esperança que nos liberta do medo. Da fé sempre jorra uma feliz esperança, capaz de mudar o mundo. E a alma da esperança é a oração. Redescobrimos ritos e súplicas para os momentos difíceis retirados da tradição cristã, por exemplo, invocações para os enfermos, para a libertação do mal, para confiar na ação do Espírito Santo. Recomendo três passos que podemos realizar até mesmo em casa: *abrir* o coração a Jesus, confiar a Ele os fardos, as fadigas, as desilusões e as apreensões da vida; *escutar* a Deus tendo o Evangelho nas mãos; e *rezar* assim:

'Fica conosco, Senhor. Permanece comigo. Precisamos de Ti para encontrar o caminho. Sem Ti tudo é escuro'.

Descobrindo a presença de Jesus ao nosso lado e dentro de nós, recebemos a luz e a paz interior: assim se ilumina o tempo que nos é concedido nesta Terra e, ao mesmo tempo, começa a vida no Céu, que será alegre e fecunda por toda a eternidade."

Não é um pouco paradoxal falar de alegria neste tempo de aflição?

"Somos chamados a ressurgir. 'Alegrai-vos', diz Jesus a Maria Madalena e à outra Maria, depois que descobrem o sepulcro vazio. Deus vai ao encontro delas para transformar o luto em alegria e para consolá-las no meio do sofrimento. Cristo Ressuscitado deseja renovar a vida daquelas mulheres e, com elas, a da humanidade inteira.

Pois bem! Agora que vivemos mergulhados em um clima de tribulação e desânimo; vamos pensar nisso. A pandemia e suas consequências devastadoras nos sobrecarregaram, e neste momento respiramos desesperadamente, confusos e amedrontados. Precisamos de um plano para ressurgir. É crucial unir as forças para remover a pesada pedra do sepulcro que interrompe a estrada do nosso futuro e ameaça nos sepultar. O modelo que nos inspira é precisamente o das mulheres do Evangelho. Diante da angústia e das dúvidas, elas conseguem colocar-se em movimento e não se deixam paralisar diante da desgraça. Se conseguirmos não ser esmagados pelo enorme peso da inquietação, poderemos um dia ser surpreendidos pelo anúncio da Ressurreição. As mulheres que assistiram e acompanharam Jesus na morte e na agonia extrema são 'ungidas' pela Ressurreição. Elas compreendem que não estão abandonadas, Ele está vivo, e as precede no caminho, removendo as pedras que paralisam.

O Ressuscitado se dedica a regenerar a beleza e a fazer renascer da morte: 'Eis que vou fazer obra nova, a qual já está brotando: não a vedes?' (Is 43,19). Essa é a fonte de nossa alegria e esperança, que transforma o nosso pensar e agir. O trabalho, a vigília e o acompanhamento neste tempo do cotidiano interrompido não são e nunca serão inúteis: eles se revelarão uma bênção para a vida. Cada vez que mergulhamos na Paixão do Senhor, ou que nos unimos à paixão de um de nossos irmãos ou irmãs, percebemos a promessa solene da Ressurreição. E assim toda a vida de serviço e de amor que doamos será ainda mais fecunda.

Com a paciência de reconhecer que nós semeamos, mas é o Senhor quem faz crescer, seremos construtores e anunciadores de um novo projeto de vida, com a concretude e a ternura do Evangelho. O encontro com a Palavra de Deus nos inspirará para a criatividade inovadora necessária. Vamos formar um time com o Espírito Santo, harmonizados pelo seu sopro, e seremos capazes de 'fazer novas todas as coisas' (Ap 21,5). A cada dia podemos começar a ressurgir."

5

A IGREJA HONESTA,
UNIDA E MISSIONÁRIA

Que lugar no mundo a Igreja é chamada a ocupar?

"A Igreja é missionária por definição. Portanto, todos os cristãos são missionários, ou seja, devem levar a 'Boa Notícia' do Evangelho a todos que encontrarem. Tem a tarefa de fazê-la ressoar perto e longe, em casa, no trabalho, nos esportes, nos momentos de lazer.

O retorno ao Evangelho é o fundamento de toda renovação. Aproximando-nos das pessoas, lembramos que Deus se dirige a todos e a cada um; [Jesus] não disse aos apóstolos que formassem uma elite."

Como se traduz isso na vida cotidiana?

"A fé ou é missionária ou não é fé. Sempre nos leva a sair de nós mesmos. Deve ser transmitida, não para convencer, mas para oferecer um tesouro. Vivemos nossa fé assim: de portas abertas. A Igreja está 'em saída'. É chamada a dar testemunho de que jamais pode ser fruto de frias especulações teóricas, de atitudes presunçosas ou de estratégias publicitárias, mas nasce da beleza da alma e da misericórdia que todo fiel pode demonstrar em nome de Deus. Ter fé significa manter o coração voltado para o Senhor, para seu amor e sua ternura de Pai, mesmo em meio à tempestade.

E nesta época tão delicada e decisiva para o futuro da humanidade, não queremos fugir da responsabilidade de estar concretamente ao lado do povo, que procura superar a crise, da qual não devemos sair apenas do ponto de vista sanitário e econômico, mas também do espiritual e moral. O êxito dependerá da consciência e do senso de dever de cada pessoa, chamada a fazer a sua parte, e da disposição para acolher as mensagens do Senhor. Como pessoas de fé, cabe a nós mostrar que Deus não nos abandona, que Nele existe um sentido até mesmo para esta realidade tão desanimadora e deprimente. Com o Seu apoio, podemos enfrentar as mais duras provas e testemunhar em cada paróquia, diocese e comunidade que Deus nos criou para a comunhão, para a fraternidade. Precisamos de uma Igreja que une e harmoniza, em vez de julgar e de separar."

No entanto, a história dos "Palácios Sagrados" é repleta de facções, conluios, grupos fechados, ameaças de fraturas e cismas. Mesmo neste pontificado...

"A barca na tempestade é a imagem da Igreja, que em cada época encontra forças e ventos contrários. Somos todos pecadores e capazes de fazer coisas más. Essa realidade nos une na humildade de reconhecer que precisamos ser ajudados, redimidos. Somos convidados a redescobrir e aprofundar o valor da comunhão que une todos os membros do povo de Deus. Unidos em Cristo nunca estamos sós, mas formamos um só Corpo, do qual Ele, e só Ele, é a Cabeça. Ele é o Santo que santifica a Igreja... nós somos pecadores. Os Santos Padres chamavam a Igreja de 'a casta meretriz'."

O que a Igreja pode aprender com a pandemia? E como isso pode ajudar o mundo que está sofrendo?

"A epidemia deixou claro para todos o quanto é ilusória a ideia de se concentrar apenas em si mesmo, em seu próprio eu. Como seria importante purificar os princípios individualistas que regem as sociedades! Mais cedo ou mais tarde precisaremos dos outros, de alguém que cuide de nós, que nos dê coragem e confiança. Portanto, nesse contexto, uma Igreja que se entrincheira só pode fazer o mal. Não devemos nos esquecer dos necessitados. Somos chamados a ser reflexo do amor e da ternura de Deus, que alivia quem está na provação, para proteger o nosso irmão sofredor. Um dia Deus nos perguntará novamente: 'Onde está, Abel, teu irmão?' (Gn 4,9). Sobretudo nesta fase de epidemia, existe uma opção que, segundo o Evangelho, não pode faltar: a opção preferencial pelos pobres (Exortação Apostólica *Evangelii Gaudium*, 195)."

Por essa insistência, eles o chamam de "papa pauperista e comunista"...

"Não é uma questão de política partidária, nem mesmo de ideologia. É o centro do Evangelho. E o primeiro a dar o exemplo foi Jesus, que se tornou pobre como nós. Por isso, no centro do Evangelho, no centro do anúncio de Jesus, está essa opção. O próprio Cristo, que é Deus, não escolheu uma vida de privilégios, mas a condição de servo. No início de sua pregação, anunciou que, no Reino de Deus, os pobres são bem-aventurados (Mt 5,3; Lc 6,20). Estava em meio aos enfermos, aos excluídos, mostrando a eles o amor misericordioso de Deus. Por isso, seus discípulos de todas as épocas e lugares são reconhecidos pela proximidade para com os pobres, os pequenos, os doentes e prisioneiros, os marginalizados, os esquecidos, os privados de comida e de roupa. Mateus, no capítulo 25 do seu Evangelho, lembra que seremos julgados pelo amor ao próximo: se ajudamos ou não os necessitados. Não nos esqueçamos do que dizia São João Paulo II: O amor preferencial pelos pobres é missão de toda a Igreja (Encíclica *Sollicitudo rei socialis*, 41-42). Lembro-me de um santo bispo brasileiro que dizia: 'Quando cuido dos pobres, dizem que sou santo; quando pergunto a todos sobre as causas de tanta pobreza no mundo, me chamam de comunista'."¹

---

1. O Papa Francisco se refere a Dom Helder Câmara (1909--1999), arcebispo de Olinda e Recife. Literalmente a conhecida frase do bispo seria: "Quando dou comida aos pobres, me chamam de santo. Quando pergunto por que eles são pobres, me chamam de comunista". ROCHA, Dom Geraldo Lyrio da. "Dom Helder Câmara: Profeta da justiça e Mensageiro da esperança", In: *Revista Atualidade Teológica*, Departamento de Teologia da PUC-Rio, Ano XIII, nº 31, janeiro a abril, 2009, p. 122. Citando: BARROS, Marcelo. *Dom Helder Câmara: Profeta para os nossos dias*, Goiás: Editora Rede da Paz, 2006, p. 75. [N.T.]

O que significa concretamente colocar os pobres no centro?

"Caminhar juntos, deixar-nos evangelizar por eles, que conhecem bem a Jesus no sofrimento cotidiano, permitindo que nos 'contagiem' com a sua sabedoria e com a sua criatividade. Se compartilharmos com quem tem pouco ou nada, enriqueceremos não apenas o próximo, mas também a nós mesmos. Colocar as periferias no centro e os pobres em primeiro lugar significa basear verdadeiramente a nossa vida em Cristo, que 'se fez pobre' por nós, para nos enriquecer com 'a sua pobreza' (2 Cor 8,9) e para nos curar."

De que modo eles nos enriquecem e nos curam?

"Cada um de nós necessita de um Pai que nos estenda a mão, espiritual e fisicamente, como Jesus fez com Pedro, que estava se afogando. Pensar em viver sem isso é a maior ilusão em que podemos escorregar. Isso foi confirmado nas semanas de *lockdown*, quando as pessoas não podiam estar fisicamente presentes nas celebrações litúrgicas: rezavam sozinhas ou em família, mesmo pelos meios de comunicação, espiritualmente unidas. Quantos perceberam que o abraço do Senhor ia para além das desgraças! Deus se revelou por meio da solicitude criativa dos sacerdotes que ajudaram as pessoas a manter a sua fé viva e fecunda e a não ficar sozinhas na inquietação. Para além de algumas expressões míopes lançadas contra as justas medidas das autoridades, que têm a obrigação de proteger o povo, admirei a criatividade pastoral e o espírito indomável de tantos padres que batiam às portas para dizer: 'Estou aqui. Precisa de alguma coisa? Posso fazer as compras. Ou podemos rezar juntos, ou conversar um pouco'. Esses sacerdotes, permanecendo próximos do seu povo na partilha cotidiana dos tormentos, eram sinal da presença consoladora de Deus. Eram pais em nome do Senhor. Sinto uma profunda gratidão pelo que eles fizeram em uma situação tão difícil e complexa. E muitos pastores perderam a vida: guardemos e valorizemos a sua memória, o exemplo de coragem e de amor desinteressado pelo seu rebanho.

Nunca mais será do mesmo jeito: trabalhar, estabelecer e cultivar relacionamentos, morar em cidades e vilarejos, estudar e até participar da vida da Igreja. Com o trabalho dos médicos, paramédicos, voluntários, sacerdotes e religiosos, começou um milagre global.

No clássico da literatura italiana *I promessi sposi*,[2] lemos sobre um alfaiate, um teólogo fracassado: 'Nunca soube que o Senhor tenha começado um milagre sem terminá-lo bem' (capítulo 24). Ora, todos nós, com a Graça de Deus, temos a tarefa de completar com dignidade esse milagre. Podemos, todos juntos, reparar profundamente as estruturas injustas e as ações destrutivas que nos separam uns dos outros, ameaçando a família humana e o nosso planeta. Pensando em Jesus, que nos oferece muitos modelos de cura. Quando ele cura quem sofre de febre (Mc 1,29-34), lepra (Mc 1,40-45), paralisia (Mc 2,1-12); ou quando restaura a visão (Marcos 8,22-26; João 9,1-7), a fala ou a audição (Mc 7,31-37). O Filho de Deus cura não apenas uma doença física, mas a pessoa inteira e toda a comunidade.

---

2. *I Promessi sposi* é um romance histórico clássico da literatura italiana, publicado por Alessandro Manzoni, em 1827, e ambientado na Lombardia, durante o período do domínio espanhol (1628-1630). É um dos romances em língua italiana mais famosos e mais lidos no mundo.

Aliás, há uma história emblemática: a da cura do paralítico em Cafarnaum (Mc 2,1-12). Enquanto Jesus está pregando na entrada da casa, quatro homens trazem seu amigo paralítico até Jesus; e não podendo entrar, por conta da grande multidão, abrem um buraco no telhado e descem a maca diante daquele que está pregando. 'Jesus, vendo a fé deles, disse ao paralítico: Filho, os teus pecados estão perdoados' (versículo 5). E, em seguida, como um sinal visível, acrescenta: 'Levanta-te, pega na tua maca e vai para tua casa'. A ação de Cristo se torna uma resposta à fé daquelas pessoas, à esperança que depositam Nele, e ao amor que demonstram ter umas pelas outras. Jesus, além da paralisia, cura tudo: perdoa os pecados, renova a vida do paralítico e a de seus amigos. Uma cura física e espiritual, que envolve também todos os presentes naquela casa, e todos os que ficarem sabendo desse milagre. Podemos imaginar o quanto cresceu a fé de todas aquelas pessoas. Jesus as fez nascer de novo.

Portanto, hoje, nós homens de Igreja, somos chamados a nos perguntar de que modo podemos ajudar a curar nosso mundo, até mesmo das doenças sociais."

Quais são as "orientações" para realizar tal cura?

"Em primeiro lugar, como discípulos do Senhor, temos a missão geral de continuar 'a sua obra de cura e salvação' (*Catecismo da Igreja Católica*, 1421): no sentido físico, social e espiritual. Por outro lado, a Igreja não é especialista na prevenção ou no tratamento da pandemia, nem mesmo dá indicações sociopolíticas específicas. No entanto, ao longo dos séculos, e à luz do Evangelho, desenvolveu alguns princípios sociais fundamentais para nos ajudar a seguir em frente (*Compêndio da Doutrina Social da Igreja*, 160-208). Cito os pilares de sustentação: a dignidade da pessoa, o bem comum, a opção preferencial pelos pobres, a destinação universal dos bens, a solidariedade, a subsidiariedade, o cuidado com a nossa Casa comum. Esses princípios podem iluminar e até guiar os líderes políticos e sociais.

A oração e o serviço silencioso são as nossas armas vencedoras. A caridade é sempre a via principal do caminho de fé. Mas a caridade cristã não é mera filantropia, em vez disso, por um lado, é olhar para o outro com os próprios olhos de Jesus e, por outro, é ver Cristo no rosto do pobre. As sementes do amor, que saberemos semear, com a bênção de Deus, vão germinar no presente e, com o tempo, vão gerar frutos de bem."

Até mesmo a Igreja em seu interior, tanto no Vaticano como em muitas dioceses e paróquias, registra fraquezas, incoerências e "sujeiras" que a distanciam do povo. Por um lado, deve desarticular sistemas perversos, identificar e punir autores de crimes como pedofilia, abuso de poder, investimentos econômicos irresponsáveis, corrupção; ajustar as contas no vermelho de muitos "cofres". Por outro lado, deve continuar a "salvar almas". Como fazer tudo isso ao mesmo tempo?

"Para a Igreja esta é a hora de acender as luzes – com refletores potentes, claro! – dos corredores internos mais obscuros, onde infelizmente aconteceram e podem continuar a proliferar a má-fé e a corrupção, ou quaisquer ações incoerentes, disputas de poder, *lobby* de interesses pessoais. Coisas ruins. Estou confiante porque portas e janelas estão se escancarando, portas e janelas estão abertas para renovar o ar, deixar sair o ar viciado, nauseante e pestilento, e permitir que entre ar fresco e revitalizante para trazer uma atmosfera de honestidade. Para a Igreja, é o tempo da transparência. Quero destacar isso. Devemos alcançá-lo, com serenidade, sangue-frio, determinação. Em Roma, no Vaticano, como na paróquia mais distante – até mesmo nas sacristias! –, nos conventos, nos mosteiros, nos institutos católicos.

Transparência sem caça às bruxas: até que seja provado o contrário, devem prevalecer as garantias legais e a presunção de inocência. Mas não existem apenas nuvens escuras no horizonte. Nos últimos tempos, graças a Deus, é o próprio Vaticano que tem feito a denúncia, que tem investigado o cheiro podre da corrupção dentro de suas paredes. Isso significa que os mecanismos de prevenção e autocontrole estão funcionando. É um alívio, um sinal de incentivo: alguma coisa realmente está mudando.

Estamos caminhando na direção indicada em março de 2013, durante as Congregações gerais que antecederam o Conclave. Naquela ocasião, nós, cardeais, fizemos um apelo ao futuro papa, que já estava entre nós: quem for escolhido terá de liderar essa batalha, porque por aqui há muito tempo existem cantos que cheiram mal: devem ser encontrados e restaurados e, depois, constantemente monitorados. A credibilidade da Igreja está em jogo; afinal, o desafio contra a desonestidade e a ganância está se espalhando por toda parte, mesmo entre muitos padres e bispos."

Quais são as palavras-chave anticrise e anticorrupção?

"Transparência, e depois economia, sobriedade e bom exemplo. Sem tirar fundos da caridade. Promover investimentos éticos e ecológicos. Comportamentos e regras baseados no rigor e na clareza. E chega de segredos."

E contra os abusos e crimes sexuais?

"Para o combate à pedofilia, em 2019, a partir do encontro de 21 a 24 de fevereiro, tentamos traçar o caminho. Ao abolir o segredo pontifício nos casos de violência sexual e abuso de menores cometidos por sacerdotes, parece-me que a Igreja acelerou e endureceu a terapia contra essa terrível chaga. Agora os magistrados civis de outros países podem ter acesso aos documentos dos processos canônicos, antes inacessíveis. Acredito que seja esse o sinal de colaboração com as autoridades civis que já vinha sendo reivindicado havia algum tempo. Porque, por detrás da proteção do segredo pontifício, muitas vezes, estava escondida a podridão do silêncio e da cobertura de atos abomináveis. Além disso, há o crime da pornografia infantil: a posse e a divulgação de imagens pornográficas envolvendo menores de 18 anos, e não mais apenas de 14 anos. Agora esses pecados recaem na '*delicta graviora*', os mais graves. Essas duas medidas seguem-se em alguns meses à *Vos estis lux mundi*, a Carta apostólica que sancionou a obrigação dos padres de reportar as denúncias aos seus superiores, e a responsabilidade dos bispos, que agora também têm de responder por eventuais omissões e acobertamentos. A Congregação para a Doutrina da Fé preparou um *vade-mécum* para os bispos – que prevê futuras atualizações – de procedimentos padrão para o tratamento de casos de pedofilia cometidos por sacerdotes. Todos esses são instrumentos que a Igreja pretende usar para curar essa ferida dolorosa. Os abusos sexuais são uma prática dramaticamente difundida em diversos contextos, mas isso não diminui sua monstruosidade na Igreja. Pelo contrário, na esfera eclesiástica essa desumanidade é ainda mais grave. Por isso, na ira do povo, compreensível e justificada, vejo o reflexo da ira de Deus, traído e violentado por consagrados culpados. Portanto, até mesmo um único caso deve ser enfrentado com a maior seriedade, sem mais acobertamentos. Todos devemos nos sentir chamados a combater esse mal que afeta o centro da nossa missão: anunciar o Evangelho aos pequeninos e protegê-los dos lobos vorazes. A Igreja está desenvolvendo esse plano audaz, mas decisivo para se autopurificar."

Como deveria ser a relação da Igreja com o mundo?

"A humanidade está ferida pela crise econômico-financeira, assim como sanitária, moral e espiritual, com um altíssimo nível de desânimo, e o futuro é considerado ainda pior do que o passado recente.

Assim, se a Igreja se mostrar verdadeiramente comprometida com o trabalho de limpeza geral e de busca de coerência, pode ser um ponto de referência precioso para todos. Portanto, devemos nos concentrar em formar pastores bons e confiáveis que saibam como propagar a confiança e a esperança. Padres, freiras, bispos, leigos, religiosas e religiosos, cardeais e o papa querem ser vistos como autenticamente próximos do povo, como portadores de alegria. Essa é a resposta de Deus, o sinal da ajuda do Senhor à humanidade, que carece de sorrisos – sinceros, não superficiais –, de incentivos, de capacidade de sonhar sonhos de bem comum. Devemos estar conscientes de que as pessoas precisam urgentemente de uma Igreja que busca ajudar os mais fracos. Esse é o impulso apaixonado que toca a nós. Talvez comecemos com algum erro, mas vale a pena correr o risco, porque, se a Igreja não 'for para a rua', acabará adoecendo com o ar viciado. Como discípulos de Jesus, não queremos buscar conversões com bandeiras de proselitismo, mas sim como fruto do bem 'contagiante' que emana da Palavra de Deus.

Queremos captar as vibrações do coração do próximo, incitar o desejo de meditações profundas, suscitar a vontade de saborear a beleza única e imensa do encontro com o Senhor. Enfim, queremos evangelizar por atração. Sair das sacristias para ir ao encontro dos necessitados mais difíceis, mostrando a alegria única de ser cristão; sem assumir atitudes típicas de quem acredita ter 'a verdade no bolso', que tanto irrita quem não tem uma fé mais firme. O erro espiritual nasce do acreditar-se justo. Peçamos ao Senhor que nos dê um olhar atento aos irmãos e irmãs para ver no outro antes de tudo uma pessoa, com suas fadigas, seus problemas, suas angústias, suas fragilidades, e não apenas um potencial 'fiel' a ser incluído nos números de nossa paróquia. A humanidade precisa receber da Igreja a mão estendida, ouvidos e corações dispostos a acolher, misericórdia e não julgamento, preconceito e rigidez; não o rigor obtuso em face dos mandamentos. Muitas vezes, nas paróquias, existem verdadeiros 'irmãos do filho pródigo', que não aceitam o perdão do pai ao irmão mais frágil. O caminho para Deus passa por uma fé apaixonada, porque é a paixão verdadeira que faz sofrer, mas também exultar, que se torna 'sal da terra'. Fomentando a reflexão sobre a Palavra do Senhor, com um olhar realista sobre a vida do terceiro milênio, poderemos estar 'no mundo' e compreendê-lo melhor. É preciso construir pontes religiosas, espirituais e humanas que passarão pelos filhos e netos, construir caminhos de alegria para a humanidade do futuro. Assim mostraremos ao mundo com determinação que Deus é amor, é misericordioso.

E o povo de Deus não ficará escondido sob as torres do sino, mas estará pronto para ajudar, não só com a caridade material no encontro com os indigentes, mas também com a caridade da fé. Será providencial para aqueles que têm uma fé adormecida, abandonada ou atormentada, ou para aqueles que a rejeitaram, encontrar apoio na esperança e na abertura daqueles que têm um vínculo mais constante com o Senhor. Isso acontecerá sem que se sintam encarados de cima para baixo.

A fonte de tudo, o sentido de tudo e a meta de tudo é Deus, e eu gosto de imaginar Deus se empenhando de mil maneiras para encontrar em cada pessoa ao menos uma brecha, um minúsculo sinal de boa vontade para entrar e salvar a todos. Como é consolador e animador pensar assim! É o Caminho que conduz à felicidade eterna."

6

NA CASA COMUM, COMO UMA SÓ FAMÍLIA

Do que conversamos até aqui, a que coisas precisamos estar mais atentos como seres humanos?

"Durante a pandemia, surgiram questões não resolvidas: a morte na solidão, a fragilidade humana, a nossa relação com a natureza. Todos os meses, milhões de pessoas acabam na pobreza e milhares de crianças morrem por causa das dificuldades que essa realidade provoca, tudo agravado pelos efeitos colaterais da epidemia. Somos seres vulneráveis. Quando tudo vai bem, tendemos a nos sentir onipotentes, mas basta um vírus para ver todas as nossas convicções destruídas. Não podemos mais continuar pensando que permaneceremos sempre saudáveis em um mundo doente por nossa culpa. Nesse ritmo, acabamos vítimas de nossa própria violência em face de um planeta que tratamos como uma massa de elementos dos quais podemos simplesmente dispor. Acendemos o pavio e colocamos gasolina nele; não podemos nos iludir e achar que vai durar para sempre: se não o apagarmos, mais cedo ou mais tarde, a bomba ambiental explodirá. A emergência sanitária é o espelho de desequilíbrios maiores, que devem ser sanados o quanto antes. Seria devastador se continuássemos a negligenciar o vínculo entre a família humana e a Criação, que é uma harmonia na qual somos chamados a viver. Estamos próximos a um ponto de ruptura. Cobrimos nossos ouvidos para o grito de nosso planeta gravemente doente. Não paramos diante dos apelos da natureza. Além disso, ávidos por lucros, nós nos deixamos absorver por coisas fúteis e entorpecer pela agitação. Não nos rebelamos perante a guerra e a injustiça. Não nos movemos para alimentar os famintos, nem para dar de beber aos sedentos. Prosseguimos cegamente, como se tudo estivesse sempre bem. Foram nossas escolhas e omissões, não o destino, que nos arrastaram para baixo. Mas agora começamos a perceber a importância crucial de 'unir toda a família humana na busca de um desenvolvimento sustentável e integral' (Encíclica *Laudato si'*, 13). Os problemas ambientais precisam ser trazidos de volta à agenda pessoal e pública. É mais urgente do que nunca, cada vez mais. É chegada a hora inadiável de consolidar o nosso compromisso de amar a Casa comum, de cuidar dela e dos membros mais fracos da nossa família humana. Como a pandemia do coronavírus nos mostrou, somente juntos e cuidando dos mais frágeis, e de nossos filhos e netos, para quem deixaremos como herança esta casa, poderemos vencer os desafios globais. Essa é a responsabilidade que caracteriza 'nossa passagem por esta terra' (*Laudato si'*, 160)."

Ainda falta a plena consciência para assumir essa responsabilidade?

"Muitas vezes ignoramos a interdependência entre os fenômenos. As mudanças climáticas têm uma profunda relevância, não apenas ambiental, mas também ética, econômica, política e social, e afeta sobretudo os mais pobres. Embora eles sejam os menos responsáveis pelo aquecimento global, são os mais vulneráveis aos seus efeitos, porque têm menos recursos para se adaptar e enfrentá-los e, muitas vezes, dependem da agricultura, o setor mais exposto. Fomos criados de matéria terrestre, e os frutos da terra sustentam e nutrem nossa existência, sem possíveis alternativas. Mas, como nos lembra o livro de Gênesis, não somos simplesmente 'terrestres': também carregamos em nós o sopro vital que vem de Deus (Gn 2,4-7). Devemos viver na Casa comum como uma só família humana e na biodiversidade com as outras criaturas."

Como a natureza deve ser vista pelas pessoas de fé?

"Como imagem de Deus, somos chamados a ter cuidado e respeito para com todas as criaturas e a nutrir amor e compaixão pelos nossos irmãos e irmãs, especialmente os mais fracos, à semelhança do amor de Deus por nós, manifestado em seu Filho Jesus, que se fez homem para compartilhar conosco essa condição e nos salvar. A natureza expressa o poder criativo de Deus de formar a vida humana e de criar o planeta e tudo o que existe nele, para alimentar a humanidade. Poderá ser decisivo nos comportarmos com a consciência de que não haverá futuro para nós se destruirmos o ambiente. Existe um ditado espanhol que diz: 'Deus perdoa sempre; nós, humanos, perdoamos às vezes; mas a natureza jamais perdoa'. Se continuarmos a destruir a Terra, sua reação será assustadora. Portanto, cada um de nós – todos, crentes e não crentes – é chamado a recuperar uma relação harmoniosa com a natureza e com toda a humanidade."

Que urgências o santo padre vislumbra?

"Não podemos mais aceitar passivamente as desigualdades e desordens no ambiente. O caminho para a salvação da humanidade passa pelo repensar de um novo modelo de desenvolvimento, que torne indiscutível a convivência entre os povos em harmonia com a Criação. Conscientes de que cada ação individual não fica isolada, tanto no bem quanto no mal, mas tem consequências para os outros, porque tudo está conectado. Tudo!

Se conseguirmos reajustar para baixo nossa taxa de produção e consumo, praticando e apreciando o valor da sobriedade, e se aprendermos a compreender e contemplar o mundo natural, seremos capazes de entrar em harmonia íntima e salutar com a Criação. Também pode nos ajudar nesse propósito: viver conscientemente o Dia Mundial de Oração pelo Cuidado da Criação, que se celebra a cada ano no dia 1º de setembro. Mudando os estilos de vida que obrigam milhões de pessoas, principalmente crianças, a ficar reféns da fome, seremos capazes de levar uma existência mais austera que possibilite uma distribuição justa dos recursos. Isso não significa reduzir os direitos de alguns nivelando por baixo, mas sim possibilitar direitos em amplitude e quantidade àqueles aos quais não são reconhecidos nem tutelados. Este tempo traiçoeiro provoca e agita nossas consciências adormecidas ou distraídas e nos incentiva a criar uma conversão humana e ecológica que ponha fim à idolatria do dinheiro: as prioridades são a vida e a dignidade."

Como pode ser definida esta dignidade?

"É o fundamento de qualquer estrutura social. O Concílio Vaticano II sublinha que a dignidade do ser humano é inalienável, porque ele 'foi criado à imagem de Deus' (Constituição Pastoral *Gaudium et Spes*, 12). Já na cultura moderna, a referência mais próxima é a *Declaração Universal dos Direitos Humanos*. A renovada consciência da dignidade de cada ser humano tem sérias e benéficas implicações sociais, econômicas e políticas. Contemplando o outro com olhar fraterno e considerando a Criação como dom recebido do amor do Pai, surgem a atenção, o cuidado e a admiração, e o desprezo e a inimizade são superados."

Quais são os primeiros obstáculos a superar nas nossas sociedades?

"As civilizações são competitivas, individualistas e frenéticas. Hoje já não encontramos nem mesmo alguns minutos para refletir sobre o que vivemos, possuímos, erramos, esquecemos. Estamos sobrecarregados pelos ritmos de produção e pela ansiosa obsessão em consumir, sem perceber que os lucros são para uns poucos privilegiados, enquanto quase todos os homens e mulheres tateiam em busca de uma tábua de salvação, para si mesmos e para seus filhos, para os idosos, para os enfermos.

Precisamos de uma mudança radical, uma nova mentalidade, uma regeneração para não mais dar as costas para os que morrem por causa da desnutrição e da inanição, que se agravam ainda mais com o impacto da pandemia. Particularmente em áreas já desfiguradas por guerras, desigualdade extrema, desequilíbrios climáticos e um sistema alimentar distorcido que continua a reduzir milhões de pequenos produtores e trabalhadores agrícolas à miséria. E isso acontece enquanto grandes empresas, incluindo a indústria de alimentos, conquistam grandes lucros."

Quais são as questões específicas que mais preocupam Vossa Santidade?

"Além da degradação do ambiente, do sistema alimentar desigual e insustentável e do excessivo desperdício de alimento todos os dias. Não sou especialista nem técnico, mas acredito que, por um lado, não há investimentos suficientes nas zonas rurais, na promoção de uma agricultura diversificada e sustentável, nos sistemas comerciais que protejam os pequenos produtores e os recursos naturais. Ao mesmo tempo, proliferam gigantescos projetos agroindustriais que contaminam e envenenam o clima. E em muitas áreas ainda falta água: não só para beber, mas também para higiene, para preparação de alimentos, para agricultura. A escassez de água e seu controle por poucos podem desencadear outros conflitos.

E não nos esqueçamos dos povos indígenas: além de não violar seus intrínsecos direitos humanos, não podemos desperdiçar seu patrimônio de sabedoria sobre a preservação da biodiversidade, nem explorar abusivamente seus territórios e destruir seu *habitat*.

O mundo precisa urgentemente de medidas antipoluição articuladas em nível internacional, nacional e local. Em particular, também é necessária a educação ambiental escolar. Por meio de experiências de imersão na natureza e de melhoria do ambiente, os alunos de hoje poderão se tornar os 'mestres' que amanhã vão ministrar programas de educação alimentar e ecológica, que vão esclarecer as relações entre as questões climáticas e os problemas sociais, como a pobreza. Como fará bem ter um contato direto e constante com a natureza em relação com os outros, começando pelas crianças."

Vossa Santidade vê sinais animadores?

"Hoje vários movimentos populares 'de base' já buscam promover essas ideias e ações, além de algumas instituições e associações. Procuram uma nova maneira cuidar da nossa Casa comum: não mais como um depósito de recursos a serem explorados, mas como um jardim sagrado que devemos amar e respeitar, por meio de comportamentos sustentáveis. Precisamos de um consumo responsável, cadeias produtivas baseadas em matéria-prima natural e energias renováveis à disposição de todos. Além disso, há uma tomada de consciência entre os jovens, em particular nos movimentos ecológicos. Nós adultos e idosos somos chamados a apoiá-los, a corrigi-los se for preciso, mas sobretudo a favorecer e estimular a sua sensibilidade ecológica e ambiental, optando por agir sempre para o bem do *habitat*: com o estilo de vida pessoal e com propostas de ações e organizações comunitárias, comprometendo-nos em nível social e político.

Esse compromisso é também cristão, enraizado na antropologia bíblica e na Doutrina Social da Igreja, a ser partilhado com aqueles que não professam a fé. Começando pela nossa conduta diária: trata-se de ações concretas que trazem benefícios imediatos, embora às vezes possam parecer imperceptíveis; e depois, acima de tudo, formam e difundem a cultura de não sujar, arruinar ou deteriorar a Criação. Se não arregaçarmos as mangas e cuidarmos da Terra imediatamente, com escolhas pessoais e políticas radicais, com uma mudança econômica em favor do verde e focando as evoluções tecnológicas nessa direção, mais cedo ou mais tarde, nossa Casa comum irá nos jogar pela janela. Não podemos mais perder tempo. Precisamos de uma conversão ecológica integral, que dê atenção tanto ao ser humano quanto aos relacionamentos e ao meio ambiente, atenção pessoal e coletiva, privada e pública. Precisamos de uma mudança de mentalidade e de perspectiva e, sobretudo, de uma conversão espiritual que leve a uma nova consciência da relação do ser humano consigo, com o outro, com a sociedade, com a Criação e com Deus. Praticando o 'viver bem': não no sentido de desfrutar à vontade, mas de viver em harmonia com a terra. E recuperando a vontade de se encantar e se maravilhar diante dos esplendores da natureza, que são obras do Senhor."

7

ECONOMIA E FINANÇAS ECOLÓGICAS

O que Vossa Santidade entende por "economia verde"?

"Os atuais modelos econômicos mostram-se insustentáveis, com vários desvios: consumismo, especulação, dependência de combustíveis fósseis, manipulação das tecnologias, escassez de investimento no trabalho. Com um 'pacto' honesto, corajoso, desinteressado e visionário entre os seres humanos, pode surgir uma nova economia – nos níveis local, nacional e mundial – que leve em conta, antes de tudo, os aspectos ecológicos. Um novo sistema em que as riquezas melhorem o mundo para todos, não apenas para alguns privilegiados, e não levem mais a construir muros, mas se transformem em relacionamentos, porque as pessoas valem mais do que as coisas e contam mais do que os bens que possuímos. É possível cultivar modelos de desenvolvimento integral dos pobres, que vão além do assistencialismo, ainda que este seja necessário. Se às obras de assistência e ao voluntariado, muitas vezes heroicos, unirmos projetos concretos para resolver problemas, poderemos obter uma economia que não recorra a remédios que na realidade envenenam a sociedade, como os rendimentos dissociados da geração de empregos dignos (*Evangelii Gaudium*, 204). Esse tipo de rendimento está desvinculado da economia real e desejável, aquela que deveria beneficiar as pessoas comuns (*Laudato si'*, 109). A opção preferencial pelos pobres é uma exigência ético--social que pode nos dar o impulso para pensar e desenhar uma economia em que as pessoas, a começar dos mais necessitados, ocupem o primeiro lugar nos projetos e programas. Na Encíclica *Laudato si'* reflito sobre um modelo circular que inverta a tendência e nos preserve da exclusão social e da devastação ambiental. Como reafirmou o documento sobre ecologia integral *A caminho para o cuidado da Casa Comum – A cinco anos da Laudato si'* preparado pela Mesa Interdicasterial da Santa Sé, a economia circular pode representar uma alternativa ao processo tradicional (produzir, usar, descartar). Os recursos não são explorados excessivamente, em vez disso, são mantidos funcionais o maior tempo possível, obtendo o máximo valor e recuperando e reciclando produtos e materiais no final de cada ciclo de vida. A transição para a economia circular pode se revelar positiva para todos. Trata-se de uma nova forma de conceber os mercados, a relação com os consumidores e os recursos naturais, superando o conceito de resíduo: porque tudo teria e manteria um valor."

E o que pensa das finanças e de sua relação com a administração pública?

"Acredito que, se conseguirmos curá-la da mentalidade especulativa dominante e restabelecê-la com uma 'alma', segundo critérios de equidade, poderemos atingir o objetivo de diminuir o abismo entre quem tem acesso ao crédito e quem não tem. E se um dia, não muito distante, surgirem as condições para que cada investidor siga princípios éticos e responsáveis, o resultado será limitar o apoio a empresas que prejudicam o ambiente e a paz. No estado em que a humanidade se encontra, torna-se escandaloso continuar a financiar indústrias que não contribuem para a inclusão dos excluídos e a promoção dos últimos, e que penalizam o bem comum poluindo a Criação. Estes são os quatro critérios para escolher qual empresa apoiar: *inclusão dos excluídos, promoção dos últimos, bem comum* e *cuidado da Criação*. Um sistema financeiro justo e inclusivo, regido por paradigmas de valorização dos investimentos financeiros integrais, que levem em conta a sustentabilidade ambiental e social e não somente as expectativas de rendimento econômico, será capaz de reduzir a pobreza e, ao mesmo tempo, difundir o 'bem viver' em grande parte das regiões do mundo."

8

SEM FRATERNIDADE HUMANA NÃO HÁ FUTURO

Estamos enfrentando uma das piores crises humanitárias desde a Segunda Guerra Mundial. Os países estão adotando medidas de emergência para enfrentar a pandemia e uma dramática recessão econômica global. O que podemos esperar dos governantes?

"As consequências da epidemia tornaram tragicamente visíveis as disfunções já presentes há algum tempo, levando-as ao extremo. Agora é questão de reconstruir a partir dos escombros. E essa tarefa pesa muito sobre os que ocupam cargos políticos. Portanto, peço aos governantes, chefes de Estado e de governo, legisladores, prefeitos, governadores e mesmo aos que ocupam outros cargos sociais, que sintam a responsabilidade de cuidar do seu povo, mesmo que isso exija inevitavelmente decisões impopulares. Eles devem, em primeiro lugar, ser apoiados; precisam se sentir acompanhados pela oração e pelo entusiasmo do povo. Em uma era de preocupação com o futuro que se apresenta incerto, com o emprego que se está em risco de perder ou já foi perdido, com a renda cada vez menos suficiente, e com as outras consequências que a crise atual traz consigo, é fundamental administrar com honestidade, transparência e visão de futuro. Cada um de nós, não apenas os governantes, é chamado a erradicar a indiferença, a corrupção e a conivência com a criminalidade."

Em quais princípios podemos nos inspirar?

"A pandemia expôs a dramática situação dos pobres e a grande desigualdade que prevalece no mundo. Uma pequena parte da humanidade avançou, enquanto a maioria ficou para trás. Esta epidemia afetou principalmente os mais frágeis. O vírus aumentou as já enormes desigualdades e discriminações. O que está acontecendo pode despertar a todos. É hora de remover as injustiças sociais e a marginalização. Se aproveitarmos a provação como uma oportunidade, podemos preparar o amanhã sob o signo da fraternidade humana, para a qual não há alternativa, porque, sem uma visão do todo, não haverá futuro para ninguém. Se não cuidamos uns dos outros, começando pelos últimos, os mais atingidos, inclusive a Criação, não podemos curar o mundo. As fronteiras caem, os muros desabam, as rivalidades se quebram e os discursos fundamentalistas desmoronam diante de uma presença quase imperceptível, como a do vírus, que confirma a fragilidade de que somos feitos. Aproveitando essa lição, os líderes das nações, unidos a todos que têm algum tipo de responsabilidade social, podem guiar os povos da Terra rumo a um futuro mais florescente e fraterno. Os chefes de Estado poderiam conversar mais, discutir mais e chegar a acordos sobre estratégias. Em vez disso, às vezes vemos somente monólogos sem clareza de compromisso, sem verdadeira escuta. Tenhamos todos em mente que existe algo ainda pior do que esta crise: o drama de desperdiçá-la. Nunca saímos iguais de uma crise: ou saímos melhores ou saímos piores."

Com que atitudes a desperdiçaremos?

"Fechando-nos em nós mesmos. Em vez disso, edificando uma nova ordem mundial baseada na solidariedade, estudando métodos inovadores para eliminar a prepotência, pobreza e corrupção, todos juntos, cada um fazendo a sua parte, sem delegar e renunciar responsabilidades, seremos capazes de curar injustiças. Trabalhando para fornecer assistência médica para todos. Evitando nos justificar com desculpas convenientes e lógicas substitutivas ou paliativas, que impedem que nos defendamos do desastre e das graves consequências do que estamos vivenciando. Assim, praticando e manifestando coesão, poderemos ressurgir. Em vez disso, continuando a "passar por cima dos outros", tentando ser superiores, demolimos a harmonia salvífica. É a lógica da dominação, de dominar os outros, que causa uma turbulência devastadora. A harmonia é outra coisa: é o serviço, que leva ao reconhecimento da dignidade humana, aquela harmonia criada por Deus, tendo a pessoa humana como centro."

O que pode nos ajudar a mudar nossa mentalidade?

"Ter em mente que a indiferença e o individualismo, raciocínios como 'se não é comigo, não me interessa', são atitudes ruins contra a harmonia, contra o mecanismo mental correto: 'primeiro a comunidade, depois cada um de nós'. O esforço conjunto contra a pandemia pode levar todos a reconhecermos nossa necessidade de reforçar os laços fraternos como membros de uma só família. O 'cada um de nós' não é secundário, é importante, mas a comunidade é mais importante. Se agirmos como um único povo, seremos capazes de colocar nosso coração para além de enormes obstáculos como uma epidemia, construir pontes e derrubar muros e divisões; saberemos nos reconhecer, começando pelos líderes das nações, como parte de uma única família e nos apoiarmos uns aos outros: as nações mais fortes ajudarão os países mais fracos. Não é impossível, não é utopia. Se acreditarmos, todos juntos poderemos fazer isso. A resposta dos cristãos diante das tempestades da vida só pode ser a misericórdia, que se pratica com o amor compassivo para com todos, especialmente aqueles que têm mais dificuldade. E a piedade cristã também pode inspirar a justa partilha entre as nações e suas instituições, para enfrentar a crise atual de maneira solidária e eficaz. Sem mais tramas para satisfazer interesses particulares, econômicos e de poder. Trabalhemos ativamente em prol do bem comum dos cidadãos, oferecendo os meios e os instrumentos necessários para que todos possam ter uma vida digna, começando pelas periferias, pelos refugiados e pelos sem-teto. Sem nos esquecer dos que ficaram para trás, sem esquecer os irmãos e irmãs fracos e excluídos que povoam todas as partes do mundo. Se nos unirmos e compartilharmos novamente, em todos os níveis – familiar, social, comunitário, político, internacional –, podemos nos curar das patologias sanitárias e sociais."

Concretamente por onde se poderia começar?

"Pelo fim imediato e global dos conflitos que ainda sangram demasiadas regiões. A Paz! Por favor, que as crises interconectadas que afligem os povos não façam a comunidade internacional esquecer a busca pela paz! A redução, o cancelamento das hostilidades é o primeiro passo para derrotar as injustiças e desigualdades. Não seremos capazes de alcançar a cura sem a paz! Seria triste se escolhêssemos o contrário: significaria infligir a morte ou uma existência repleta de dificuldades a milhões de pessoas. Não é mais suportável que se continue a fabricar e traficar armas, gastando um capital enorme que deveria ser usado para curar pessoas, salvar vidas. Hoje, quantias absurdas são destinadas para gastos militares. Enquanto isso, doentes, pobres, as populações das regiões em guerra são vítimas inocentes dessa violência aceita, quando não decidida, à mesa das salas do poder por interesses econômicos. Muitos líderes estão se aproveitando das tensões entre os países.

A emergência sanitária e as perturbações socioeconômicas e ecológicas estão aumentando o abismo entre ricos e pobres, e também entre lugares de paz, onde existem perspectivas de prosperidade, e regiões de conflito e devastação ecológica. Não podemos mais fazer de conta que não estamos insinuando um círculo dramaticamente vicioso entre violência armada, pobreza e uma exploração insana e indiferente do ambiente.

É um ciclo que impede a reconciliação, alimenta as violações dos direitos humanos e impede o desenvolvimento sustentável. Contra essa cizânia planetária que está sufocando pela raiz o futuro da humanidade, precisamos de uma ação política que seja fruto de concórdia internacional. Os conflitos não se resolvem por meio da guerra, mas superando rivalidades e antagonismos. Assim será possível trabalhar de modo eficaz pelo verdadeiro bem supremo das nações: a família humana que caminha no amor. Fraternalmente unidos, os seres humanos estão em condições de enfrentar ameaças comuns, sem mais recriminações improdutivas e recíprocas, instrumentalizações de problemas, nacionalismos míopes, propagandas de fechamentos, isolacionismos e outras formas de egoísmo político. Portanto, assustam-me os 'soberanismos', que representam uma atitude de isolamento, consequência de pensamentos que incutem medo, porque podem levar à guerra pela lógica da opressão. Um país deve ser soberano, mas não fechado. A soberania deve ser defendida, mas as relações com outros países também devem ser protegidas e promovidas, especialmente agora. Se temos sido capazes de aprender algo neste momento, é que ninguém se salva sozinho."

Se não for assim, que risco corremos?

"Mais cedo ou mais tarde, vamos acabar lutando uns contra os outros. Vamos destruir permanentemente nossas terras. Ninguém vai poder sentir-se em segurança. O mundo implora por um total 'cessar-fogo' e, ao mesmo tempo, o congelamento da produção e do comércio de armas. Enquanto isso, promovendo a cultura da não violência, do encontro, e o multilateralismo, difundiremos a confiança e o respeito mútuos, e não o medo de invasões estrangeiras, e nos enriqueceremos com o conhecimento do outro. Esses são os verdadeiros fundamentos da segurança. Não os armamentos. Precisamos dessa atitude visionária e de coragem para concretizá-la imediatamente, parando de investir em 'instrumentos de morte', como os meios militares, e focando na saúde, na ecologia, na segurança alimentar e no emprego. Isso significa investir na vida de todos."

O "tsunami" pandêmico colocou de joelhos os empregos, e redimensionar o tamanho das indústrias bélicas causaria na prática mais perdas de postos de trabalho: como esse potencial paradoxo poderia ser resolvido?

"Foi bom saber que, enquanto faltavam respiradores, algumas empresas de armamentos na Itália reverteram sua produção, criando esse material de bem comum, que era necessário com urgência. Este é o caminho: criatividade. Muitas vezes, cria-se apenas a partir de alarmes, mas isso pode se tornar um método político e empresarial."

9

NINGUÉM É ESTRANGEIRO

Vossa Santidade mandou colocar uma cruz na entrada do Palácio apostólico, carregada por dois rapazes. É um crucifixo de resina transparente, no centro está incrustado o colete salva-vidas de um dos muitos migrantes sem nome, recuperado à deriva no Mediterrâneo. Por que essa iniciativa?

"Agora é um símbolo para os cristãos, colocado no centro da Igreja universal."

Qual é a nova mensagem que ela propõe?

"O direito mais importante de todos: o direito à vida. Os imigrantes chegam principalmente para escapar da guerra ou da fome. Bloquear barcos no mar não resolve o problema. É necessário denunciar os traficantes, esvaziar os campos de detenção e socorrer e salvar, porque todos somos responsáveis pela vida do nosso próximo, chamados a ir ao encontro dos mais necessitados, como faz o bom samaritano (Lc 10,25-37). O Senhor nos pedirá contas no dia do juízo. Aquele foi o segundo colete salva-vidas que recebi de presente. O primeiro me foi dado alguns anos antes por um grupo de resgate. Pertencia a uma menina que se afogou no Mediterrâneo. A seguir, doei-o aos dois subsecretários da secção de refugiados do Dicastério para o Serviço do Desenvolvimento Humano Integral, dizendo a eles: 'Esta é a vossa missão!'. A nossa missão. É o compromisso moral imprescindível da Igreja e dos administradores públicos e sociais, que une crentes e não crentes: ajudar a salvar a vida dos desafortunados.

O Senhor nos pedirá que prestemos contas de todos os migrantes mortos nas viagens de esperança, vítimas da cultura do descarte. O colete do migrante desconhecido representa a enésima morte causada pela injustiça, porque é a injustiça que obriga os desesperados a cruzar desertos e abandonar a sua terra. Portanto, mantenhamos os olhos e o coração abertos, para sermos solidários com todos os náufragos. É tarefa cristã, evangélica, acolhê-los, acompanhá-los, promover sua presença no país de chegada para poder integrá-los, por meio de políticas de inclusão e corredores humanitários. Ao mesmo tempo, é legítimo agir com prudência, que é uma virtude de governo, considerando quantos imigrantes de fato podem ser acomodados. Se o número for maior que as possibilidades, o impasse pode ser superado por meio do diálogo e da solidariedade mútua com outros países. E então, se reconhecermos a dignidade humana em cada pessoa, qualquer que seja sua raça, língua ou condição, e se dialogarmos com quem chega, seremos enriquecidos, humana e culturalmente, como indivíduos e como sociedade."

O que significa dialogar?

"O diálogo não é uma 'fórmula mágica'. Pressupõe e exige saber falar ao coração das pessoas, renovar a dedicação ao encontro e, sobretudo, escutar com atenção. E isso também vale, acima de tudo, para com as outras religiões. Somos chamados a dialogar com os fiéis de outros credos para construir o futuro de nossas sociedades e de nossas cidades; a considerá-los como parceiros para iniciar uma convivência pacífica, mesmo quando ocorrerem ataques violentos e perturbadores por causa de grupos fanáticos.

Dessa forma, poderemos formar uma rede de amor que rejeita toda tentação de fechamento e de trincheira identitária. O planeta é constituído de vários corredores de passagem, intercâmbios e conflitos que levantam uma série de questões dramáticas. Eles podem ser traduzidos em algumas perguntas que compartilhamos no encontro inter-religioso em Abu Dhabi em fevereiro de 2019: como cuidar uns dos outros na única família humana? Como alimentar uma convivência pacífica que se traduza em fraternidade universal? Como fazer prevalecer em nossas comunidades a acolhida do outro e de quem é diferente de nós por pertencer a uma tradição religiosa e cultural diversa da nossa? Como as religiões podem ser caminhos de fraternidade em vez de muros de separação?"

Existe alguma resposta?

"Unindo as forças espirituais e intelectuais, pode-se gerar um novo começo baseado na acolhida e no diálogo sincero com o outro, o 'estrangeiro', para que ninguém se sinta estrangeiro em lugar nenhum. Assim se formarão sociedades inclusivas e fraternas, prontas para resguardar a Criação. Nós, cristãos, da nossa parte queremos contribuir, anunciando o Evangelho segundo o estilo traçado por São Francisco de Assis na *Regra não Bulada* [Primeira Regra], após sua viagem ao Oriente. Para São Francisco, existe uma primeira maneira pela qual, simplesmente, se vive como cristão: 'Uma forma é abster-se de rixas e disputas, mas submetendo-se a toda criatura humana por amor de Deus e confessando ser cristão' [Regra não Bulada 16,6].

Como discípulos do Senhor, proclamamos assim a fé cristã como manifestação em Jesus do amor de Deus Pai para com todas as pessoas de todos os lugares e épocas, com um estilo de vida e de anúncio sem vontade de fazer proselitismo e sem intenção agressiva de refutação. O conselho de São Francisco aos frades é: pregai o Evangelho; se necessário, até mesmo com palavras.

Esse é o testemunho que rejeita qualquer tentação de conquista, reconquista e fechamento identitário, e entra em sintonia 'a partir de dentro' com as pessoas, com suas culturas, suas histórias, suas diferentes tradições religiosas e sociais, sua língua e seus hábitos. Corremos três grandes perigos planetários: a destruição do ambiente, as guerras, as consequências da pandemia. Se, começando por nós, crentes, não formos capazes de rever a vida e os relacionamentos, de apertar as mãos, abraçar e rezar juntos, nossas civilizações serão atropeladas. Em vez disso, se pensarmos em todos os espaços como potenciais pontes, geográficas e humanas, e se difundirmos narrativas renovadas e compartilhadas, ergueremos sociedades sempre abertas ao encontro, predispostas à recíproca inculturação e a uma 'contaminação benéfica', em equilíbrio entre o cuidado das raízes e abertura para o mundo."

Como chegar a esse equilíbrio?

"Eu começaria pela escuta das nossas raízes e do nosso presente, sem enfatizar: a identidade é uma riqueza cultural, nacional, política, histórica, artística e cada país tem a sua, mas deve ser integrada com o diálogo. Se, a partir da própria identidade, nos abrirmos ao diálogo, receberemos algo maior das identidades dos outros. Sensibilidades e experiências até então desconhecidas. Se falarmos ao coração das pessoas com narrativas nas quais seja possível reconhecer-se de maneira construtiva, pacífica e geradora de esperança, entenderemos que *o todo é superior à parte* [*Evangelii gaudium* nº 234-237]. A globalização, a unidade não deve ser concebida como uma esfera, mas como um poliedro: cada povo conserva a própria identidade na unidade com os outros. Sem comunhão e sem compaixão, alimentadas pela oração de quem crê, a humanidade perde a alma."

10

TRABALHO E REMUNERAÇÃO JUSTA PARA TODOS

Com que espírito devemos tratar as disfunções do mundo do trabalho?

"A ninguém pode faltar um emprego com uma remuneração justa. Com o compromisso convergente de todos os líderes políticos e econômicos, isso pode ser remediado e promovido novamente, caso contrário, famílias e empresas não conseguirão seguir em frente. É um problema antigo, mas agravado pela pandemia. A dignidade do trabalho continua a ser sempre pisoteada em demasia; ainda hoje existem escravos coagidos a fazer trabalhos forçados e mal pagos para sobreviver. Ao mesmo tempo, não são apoiados nem valorizados os bons empreendedores, que cuidam dos colaboradores como filhos, desempenhando o seu trabalho com justiça, mesmo que isso signifique perder dinheiro. Se forem encontradas soluções para a geração de empregos, aumentando a qualidade da produtividade, respeitando as legislações, sem cair na corrupção e promovendo a justiça social, uma reestruturação decisiva terá lugar em nossos dias e poderá definir o mundo das gerações futuras. Será possível contemplar também a possibilidade de desfrutar mais da beleza do merecido repouso, para estar com a família, no voluntariado e no engajamento cívico e cultural, ou praticando esportes. Se os pais e as mães conseguirem ter tempo para brincar mais com seus filhos, escutá-los e compartilhar mais experiências com eles, e se cada trabalhador se sentir útil e recompensado, mesmo fora do ambiente de trabalho, todos poderão voltar ao trabalho mais serenos, e, ao mesmo tempo, praticar atividades educativas cotidianas, que aceleram o caminho rumo a uma maior qualidade de vida privada e social."

Por onde recomeçar para reformar o mundo do trabalho?

"Penso nos trabalhadores precários, autônomos, da economia popular: vendedores ambulantes, catadores, camelôs, pequenos agricultores, pedreiros, alfaiates. Penso sobretudo naqueles que não têm um salário estável para resistir e nos que não têm emprego. São os excluídos da globalização, com o escárnio de sofrer seus danos.

Se a luta contra a pandemia e suas consequências chocantes é uma 'guerra', esses trabalhadores e esses desempregados são um exército invisível que arrisca a pele todos os dias nas trincheiras mais traiçoeiras: as periferias esquecidas. O sistema vigente não os considera. Abandona-os sem proteção e sem garantias legais ao seu destino brutal e injusto. Eles pagam a conta mais pesada. Esse é um problema urgente, assim como o trabalho infantil.

Talvez tenha chegado a hora de pensar em uma forma de remuneração básica universal. Um salário capaz de garantir e concretizar aquela mensagem tão humana e cristã: nenhum trabalhador sem direitos. Não podemos mais esperar para restituir ou dar dignidade àquelas famílias que sobrevivem apenas com algumas migalhas que caem da mesa de quem se senta no banquete do poder econômico. Todo cidadão do planeta tem direito ao acesso aos *três T*: *tierra, techo y trabajo* (terra – incluindo seus frutos, comida e água –, teto e trabalho)."

A fase de retomada para um novo futuro se confunde com o uso da inteligência artificial, que multiplicará as opções possibilitadas pelas novas tecnologias digitais. Transformações de época estão previstas e deverão ser gerenciadas. Como lidar com a relação com os robôs?

"A inteligência artificial e os robôs devem ser um serviço à humanidade, não uma ameaça. Se projetados e fabricados para colocar o ser humano no centro, eles podem ser usados para a proteção de nossa Casa comum. E também para resolver as recorrentes crises financeiras que têm gerado novos desafios e problemas para os governos, como o aumento do desemprego, o aumento de várias formas de pobreza, o alargamento do abismo socioeconômico e as novas condições de escravidão, muitas vezes ligadas a conflitos e migrações. São potenciais instrumentos para rejeitar a cultura da ostentação e do descarte, que põe de lado os mais fracos: idosos, enfermos, pobres. Uma sociedade com desigualdades econômicas, digitais e educacionais muito elevadas não cresce, não se desenvolve, não evolui. Quanto mais ampla a presença das tecnologias, mais é importante reafirmar e tutelar a primazia da pessoa sobre as máquinas. Dessa forma, podemos ter a esperança de uma nova direção saudável e genuína para o destino do mundo."

11

A FAMÍLIA E AS MULHERES: PILARES DA SOCIEDADE

O peso das crises econômicas sempre caiu mais sobre os ombros das mulheres. E continua assim. O que o papa pensa disso?

"As mulheres precisam com urgência de ajuda no cuidado com os filhos, e não ser discriminadas no plano salarial e profissional, ou com a perda de seus empregos enquanto mulheres. Ao contrário. Sua presença é cada vez mais preciosa no centro dos processos de renovação social, política, ocupacional, institucional. Se formos eficientes em colocá-las nessas condições favoráveis, elas poderão dar uma contribuição determinante para a reconstrução da economia e das sociedades futuras, porque a mulher faz o mundo mais bonito e torna os contextos mais inclusivos.

Além disso, todos nós estamos tentando nos levantar, então não podemos ignorar o fato de que o renascimento da humanidade começou de uma mulher. A salvação nasceu da Virgem Maria. Por isso, não há salvação sem a mulher. Nossa Senhora, com sua carne e seu útero, é fonte de vida. Também por isso toda violência contra a mulher é uma profanação de Deus, nascido de mulher. Do corpo de uma mulher veio a salvação para o ser humano: pela forma como cuidamos das mulheres, compreendemos o nosso nível de humanidade e nosso grau de evolução. Muitas vezes o corpo feminino é sacrificado nos altares profanos e vergonhosos do consumismo, do marketing, dos negócios, da pornografia. Devemos reagir tratando-o pelo que ele é e representa: a carne mais nobre do mundo. Reagir com um resgate, que passa por transformar o mundo em uma Casa de igualdade, onde a dignidade da mulher é protegida. Se nos preocupamos com o futuro, se queremos um amanhã exuberante, precisamos dar o justo espaço para as mulheres."

Apesar dos vários e importantes avanços dos últimos anos, sempre há poucas mulheres em posições-chave na Igreja...

"A Igreja ainda precisa entender melhor o papel das mulheres dentro dela. Ainda é necessário muito esforço. O problema está no nível de participação. Não é apenas uma questão de cargos e funções: não percebemos totalmente o que significa a mulher na Igreja e nos limitamos apenas à parte funcional. Pelo contrário, sua função vai muito além da funcionalidade. É nisso que devemos continuar a trabalhar também, sobretudo em nível cultural. Prestando atenção às 'legítimas exigências das mulheres que pedem maior justiça e igualdade' (Exortação apostólica pós-sinodal *Christus vivit*, 42). Colocando em prática o conceito inato da Igreja, porque a mulher é a imagem da Igreja mãe: a Igreja é mulher e mãe. E as mulheres são dotadas de uma capacidade relacional, gerencial e amorosa que se desenvolve em uma multiplicidade de formas ainda subestimadas: por isso, a maior presença feminina é uma perspectiva de amplo respiro que poderá ser benéfica para todos. As mulheres devem estar plenamente associadas aos processos de tomada de decisão, pois, quando podem transmitir seus dons, o mundo se encontra mais unido e pacífico. Repito: não se trata apenas de atribuir mais funções, não significa que tudo se resolverá com uma nomeação. É preciso integrar a figura, o pensamento e a lógica da mulher como imagem tangível da Igreja. É necessário trazer à tona o gênio feminino que se reflete na Igreja. Nos círculos eclesiásticos, elas não devem mais ser 'convidadas especiais': sua presença é um direito, não um 'favor'. Não deverá mais ser uma surpresa ou uma exceção."

E a família? Qual sua importância nestes tempos?

"Na delicada situação de hoje, a família fundada no casamento entre um homem e uma mulher é cada vez mais essencial. Sua missão social é decisiva. É a célula da sociedade. Por isso, é necessário defendê-la, apoiá-la, valorizá-la e redescobrir o projeto traçado por Deus para a família, para reafirmar a sua grandeza insubstituível a serviço da vida e das civilizações."

Mas por que é tão importante?

"Porque na família são cultivados os primeiros hábitos de amor e cuidado com a vida, como, por exemplo, o uso correto das coisas, a ordem e a limpeza, a amizade e o vínculo com a comunidade local, a proteção de todas as criaturas. É o lugar onde aprendemos a não desdenhar, a valorizar o que temos, a cultivar ambições saudáveis e generosas, a pedir 'com licença' sem arrogância, a dizer 'muito obrigado' como expressão de reconhecimento pelas coisas que recebemos, a dominar a agressividade e o egoísmo, a pedir desculpas quando fazemos alguma coisa errada. Esses pequenos gestos diários de convivência sincera e serena ajudam a construir uma cultura da vida condividida e respeito pelo que nos rodeia (*Laudato si'*, 213)."

Como a vida cotidiana da família pode ser vivida de forma produtiva?

"Precisamos restabelecer os laços começando pela própria mesa. No momento das refeições, sem cabeças e olhares curvados sobre os celulares, enquanto almoçamos ou jantamos em família. À mesa não se fica em bate-papo virtual, digitando no telefone; é o momento mais importante para o diálogo e a comunicação, ele deve ser redescoberto e fortalecido. A comunicação em casa é um tesouro a ser cultivado. Uma família que quase nunca faz as refeições em conjunto, ou que, em vez de conversar à mesa, assiste à televisão ou fica no celular, é uma família pouco família. É necessária a convivência, que é a atitude de condividir os bens da vida e de ser feliz por poder fazê-lo. Condividir, saber condividir é uma virtude preciosa! E o símbolo, o ícone, é a família reunida em volta da mesa. Condividir a refeição – mais do que a comida, também os afetos, as histórias, os acontecimentos, as emoções, as preocupações, os problemas – é uma experiência fundamental. Não é por acaso que, quando há uma festa, um aniversário, uma data festiva, nós nos reunimos em torno da mesa. E o convívio se torna também um termômetro confiável para medir a saúde dos estados de ânimo: se há algo errado com a família, alguma ferida oculta, podemos perceber isso imediatamente à mesa.

Além disso, não nos esqueçamos dos ensinamentos do Cristianismo, que tem uma vocação especial para a convivência. Jesus ensina de bom grado à mesa e 'pinta' o reino de Deus como um banquete festivo. Cristo escolhe também a mesa para confiar aos discípulos o seu testamento espiritual, na ceia, a Última Ceia, condensando-o no gesto memorial do seu Sacrifício por todos nós: o dom do seu Corpo e do seu Sangue como Alimento e Bebida da Salvação. Neste tempo, marcado por muitos fechamentos, a convivência que nasce da família torna-se uma oportunidade providencial. Alimentando-a em nossa mesa, podemos expandir aquela inspiração de abertura mental e humana que supera os fechamentos, e assim construir pontes de acolhida, de encontro, de caridade. Valorizar o horário do almoço e do jantar em família forma uma extraordinária escola de inclusão humana."

O que aconselharia particularmente aos pais?

"Brincar com os filhos é o melhor tempo que se pode 'perder'. Conheço uma família que criou um elemento 'institucional' em casa: 'O programa'. Todo sábado ou domingo, o pai e a mãe pegam um pedaço de papel e, com os filhos, combinam e anotam todos os encontros de jogos entre filhos e pais na semana seguinte, e depois penduram na parede da cozinha. Os olhos das crianças brilham de alegria na hora de escrever 'o programa', que já se tornou um ritual. Essa mãe e esse pai semeiam educação. Eu falei para eles: 'Vocês semeiam educação'. Brincando com o pai e a mãe, a criança aprende a estar com as pessoas, aprende a existência de regras e a necessidade de respeitá-las, adquire aquela autoconfiança que a ajudará no momento de se lançar na realidade externa, no mundo. Ao mesmo tempo, os filhos ajudam os pais, principalmente em duas coisas: dar maior valor ao tempo da vida; e permanecer humildes. Para eles pai e mãe vêm antes de tudo; o resto vem depois: trabalho, viagens, e as outras preocupações. E isso protege contra as tentações do narcisismo e do ego exagerado, nas quais corremos o risco de cair todos os dias."

12

OS JOVENS E O SONHO EM NOME DE DEUS

Planejar o futuro também significa, acima de tudo, apoiar e incentivar as novas gerações. Em muitas áreas, os jovens deixam a Igreja. Como lidar com eles?

"Infelizmente, à nossa volta, mas também dentro de nós, especialmente nos mais jovens, às vezes encontramos uma sensação de vazio e perplexidade, distorção de valores, realidade da morte física, espiritual, emocional e social. O risco é não perceber ou perceber tarde demais, e sofrer as consequências. E assim também entre os jovens avança a depressão e a apatia, que os levam a se perder no abismo de uma angústia muitas vezes inexplicável. Em alguns casos se insinua a tentação de acabar logo com isso.

Quantos jovens choram sem que ninguém escute o grito – muitas vezes silencioso – de sua alma! É aí que a Igreja, por meio dos párocos, dos religiosos, dos bispos, do papa, é chamada a estar pronta: para saciar a sede de plenitude interior de tantos adolescentes e jovens. Se escancararmos as portas e enchermos os pátios dos oratórios de jovens barulhentos, como dizia São João Bosco, e se brincarmos com eles, faremos que se sintam à vontade. Venceremos o medo de cometer alguns erros: é melhor oratórios cheios de jovens e de erros do que parques com alguns poucos 'eleitos'. E se os ouvirmos com o coração aberto, sem julgamento e preconceito, é provável que aceitem também nosso convite para rezarmos juntos. Com orações que emergem das dobras incertas e muitas vezes controversas da vida.

Nós, sacerdotes, poderemos atender aos apelos sinceros, espontâneos e genuínos dos jovens, estando perto deles. Também (mas não só) via internet e mídias sociais, que são um recurso do nosso tempo. Embora eles às vezes não tenham plena consciência disso, no coração dos jovens há um forte desejo de encontro com Deus. E eles O procuram, mesmo que muitas vezes longe de nós, dos pais, dos educadores. Assim como todos nós, eles também precisam desligar e viver uma suspensão restauradora, longe das correrias frenéticas, das dificuldades e derrotas da existência; precisam de momentos para refletir sobre o infinito, saborear instantes de eternidade e contemplar o mistério da vida. Além disso, também há períodos de desespero. Existem orações que expressam sua necessidade de se sentir ouvidos e olhados por Alguém. Nós, homens de Igreja, precisamos dar espaço a esses clamores. Devemos incentivar – além da generosidade de intenções pelo próximo – o ato de rezar por meio do impulso e estímulo recíproco: vendo-nos quando rezamos com alegria, sem dar a impressão de entoar canções de memória, os jovens encontram forças para superar a timidez, a preguiça e a vergonha, obstáculos que parecem intransponíveis para muitos adolescentes. E depois, vamos todos desfrutar da presença deles: onde há jovens há animação e alegria, e é uma graça."

A violência da Covid reduziu as perspectivas já precárias de milhões de crianças em todo o mundo. Os jovens lutam em um manto de incertezas, redimensionamentos escolares, profissionais, sociais, econômicos e políticos que os privam do direito a um futuro. O que o papa gostaria de dizer para as "gerações Covid"?

"De todo o coração e com todo o imenso bem que o papa deseja aos jovens, encorajo-os a não dar a vitória para esta situação desfavorável. A nunca desistir de sonhar com os olhos abertos. Não tenhamos medo de sonhar alto. Lutando pelos próprios sonhos, podem também se proteger daqueles que os querem tolher: os pessimistas, os desonestos e os aproveitadores. Os jovens estão sentindo na pele as adversidades e opressões deste mundo flagelado pelas desigualdades, injustiças e pela má administração, mas, se não desistirem, não verão apenas penumbras ao seu redor: também encontrarão dinâmicas e aspectos belos e animadores, porque eles existem.

Claro, talvez mais do que nunca, neste terceiro milênio são as novas gerações que pagam o preço mais alto pela crise econômica, de trabalho, sanitária e moral. Mas chorar pelos cantos não leva a nada, ao contrário, assim a crise levará a melhor. Em vez disso, é preciso continuar a lutar, como tantos já estão fazendo, apressando-se para pedir ao mundo dos 'adultos' que os ponha à prova, os jovens não ficarão inexperientes, despreparados e imaturos. Eles não vão parar de procurar oportunidades. Eles tirarão lições de seus erros e, depois, seguirão em frente com ânsia pelo futuro. Entre aqueles que muito poderão ajudá-los estão os avós e os idosos: não devem ser deixados sozinhos, também porque uma árvore isolada não cresce, não dá flores nem frutos. Com eles poderão aprender que os sucessos possíveis são o resultado de caminhos longos e laboriosos, não de golpes de sorte ou esperteza. E que o seu projeto se constrói um pouquinho a cada dia, sem buscar atalhos, pois a conquista fácil e imediata logo se esvai. Paciência, constância, persistência e audácia são valores maravilhosos. Eles desenvolvem qualidades pessoais, ajudam a tomar consciência dos limites humanos e a aceitá-los e, ao mesmo tempo, melhoram tudo o que pode ser melhorado. E tornam-se decisivos nas quedas: uma das mais belas vitórias é levantar-se depois de ter desabado. E também existe o conhecimento. Em Gênesis (capítulo 2), lemos que o Senhor, depois de ter criado o céu e a terra, toma o ser humano e o coloca no jardim do Éden, para que o cultive e o conheça. Não o coloca na aposentadoria, ou de folga, ou de férias, ou mesmo no sofá: ele o manda para estudar e trabalhar.

Deus fez o homem capaz e desejoso por saber e trabalhar. E para amar. 'Amarás o teu próximo como a ti mesmo', não há outro mandamento mais importante do que este, diz Jesus aos seus discípulos (Mc 12,31). Aqui, os jovens encontram a energia e a força para retomar as tarefas fundamentais atribuídas por Deus, tornando-se assim homens e mulheres de conhecimento, de amor e de caridade. Abrindo-se para o encontro e o encanto, eles serão capazes de se alegrar com as belezas e os dons da vida e da natureza, as emoções, o amor em todas as suas possibilidades. E compreenderão que frutos nutritivos brotam não de quem tem muitas riquezas, mas de quem cria e mantém vivas tantas amizades por meio das diferentes 'riquezas', isto é, dos vários talentos com que Deus dotou todo ser humano. Andando sempre em frente para aprender algo com cada experiência, divulgando o conhecimento e ampliando a esperança inerente à juventude, tomarão nas mãos as rédeas da vida e ao mesmo tempo farão circular a vitalidade que fará a humanidade progredir, tornando-a livre. Portanto, mesmo que a noite pareça não ter fim, não devemos desanimar. E, como disse São Filipe Neri, não se esqueçam de ser alegres, o mais alegres possível."

Por que convida a sonhar?

"Se algum sonho faz parte da vida, significa que existe em cada momento um objetivo no horizonte, e é possível, é provável que você o alcançará, mesmo que apenas parcialmente. Cada sonho é uma meta que sempre nos leva um pouco mais adiante no caminho. E depois, refletindo sobre a ligação entre o sonho, o tempo que nos é concedido – que não sabemos quando vai acabar – e Deus, descobrimos que ter um sonho em nome de Deus, e por ele gastar os dias da peregrinação nesta Terra, significa dar sentido à nossa própria existência. E esse é o 'Sonho', maravilhoso, o maior que se pode realizar."

EPÍLOGO

É janeiro de 2021, as primeiras campanhas de vacinação contra a Covid-19 estão em andamento. No último telefonema ao Papa Francisco sobre este livro, ele dá sua aprovação definitiva ao texto, e me diz que está feliz com o resultado final. As suas palavras são de um homem que se tornou o Sucessor de Pedro a serviço da humanidade. Todos os dias, sem pausas. Jorge Mario Bergoglio, timoneiro da Igreja, papa do povo, das periferias e do diálogo, está determinado na sua multiforme obra de proximidade e incentivo. É um farol sempre aceso que nos ajuda a não nos perdermos na hora da escuridão. É o Pontífice da compaixão, da atenção a todos, da concretude cotidiana que contempla a eternidade; sustentada pela fé e pelo amor ao Planeta e a seus habitantes de hoje e de amanhã. Francisco prega e testemunha a solidariedade, a fraternidade e a ternura, para que aqueçam o coração das pessoas e ressoem na consciência dos que possuem responsabilidade de governo. Promove a generosidade e o altruísmo de que todo ser humano é capaz. Considera cada um importante, um potencial protagonista de um tempo novo e belo. Com a certeza expressa na Audiência geral de quarta-feira, 13 de janeiro de 2021: "No futuro do mundo e nas esperanças da Igreja há sempre os 'pequeninos': aqueles que não se consideram melhores do que os outros, que estão conscientes dos próprios limites e dos seus pecados, que não querem dominar os outros, que, em Deus Pai, se reconhecem todos irmãos".

D. A.